La langue française
à travers les siècles

Trudie Maria Booth

University Press of America,® Inc.
Lanham · Boulder · New York · Toronto · Plymouth, UK

Copyright © 2012 by
University Press of America,® Inc.
4501 Forbes Boulevard
Suite 200
Lanham, Maryland 20706
UPA Acquisitions Department (301) 459-3366

Estover Road
Plymouth PL6 7PY
United Kingdom

All rights reserved

British Library Cataloging in Publication Information Available

Library of Congress Control Number: 2011940402
ISBN: 978-0-7618-5766-2 (paperback : alk. paper)
eISBN: 978-0-7618-5767-9

Table des Matières

Preface   v

Acknowledgements   vii

Chapitre 1   **De la préhistoire à l'arrivée des Romains**   1

    La famille des langues indo-européennes   1
    L'époque préhistorique et pré-romaine   2
    Le latin en Gaule   5
    Contrôle des connaissances   7

Chapitre 2   **Les grandes invasions**   11

    Les Francs et le superstrat germanique   11
    D'autres invasions   13
    Contrôle des connaissances   14

Chapitre 3   **Le roman**   17

    La Renaissance carolingienne   17
    Les Serments de Strasbourg   18
    De nouvelles invasions   19
    Contrôle des connaissances   20

Chapitre 4   **L'ancien français**   21

    Contrôle des connaissances   23

Chapitre 5   **Le moyen français**   25

    Contrôle des connaissances   27

Chapitre 6   **Le français moderne**   29

    Le XVIIe siècle   29
    Le XVIIIe siècle   30
    Le XIXe siècle   35
    Contrôle des connaissances   38

Chapitre 7	**Le français contemporain**	41
	Les changements de la langue parlée au XXe siècle	43
	Contrôle des connaissances	47
	Contrôle des connaissances	52
	Les nouveautés du XXe siècle en langue écrite	52
	Contrôle des connaissances	54
	Contrôle des connaissances	58
	Les variations régionales du français contemporain en France	59
	Contrôle des connaissances	60
Chapitre 8	**Les langues régionales de France**	61
	Contrôle des connaissances	62
Chapitre 9	**La langue française dans le monde**	65
	Contrôle des connaissances	66
	Glossary	71
	Answer key	79
	Bibliography	87
	Index	89

Preface

La langue française à travers les siècles describes the development of the French language from its origins to the present, i.e., from its Latin root to its most recent form. It explains which influences written and oral French has undergone over the centuries and shows the traces of these influences in its modern vocabulary and pronunciation.

Without giving too many confusing details, but pointing out interesting etymologies throughout, the book makes the reader understand how the language of Cicero became the one of Molière, Voltaire, Balzac, Camus, Le Clézio and Anna Gavalda.

Definitions of linguistic terminology, such as *substrat, superstrat, néologisme, synthétique, analytique,* etc., are given on the page where they appear, and historic events are mentioned whenever they are relevant for the evolution of the language.

At the end of each section, the reader has the opportunity to test his/her knowledge by doing a number of review exercises.

The book is divided into nine chapters. The first deals with the Ligurians, Iberians, Greeks and Celts who inhabited Gaul before the Romans arrived, the second indicates the influence of the Frankish and Arab invaders, and the third that of the Normans. Chapter four is devoted to Old French and its epic *La Chanson de Roland*, chapter five to the state of the language during the Renaissance period, and chapter six to the 17th, 18th and 19th centuries. Chapter seven describes the main characteristics of contemporary French, its new terms, acronyms, slang, and numerous words borrowed from English. It also examines the changes made by the spelling reform and gives examples of the symbols found in text messages. The end of this chapter mentions some regional differences of contemporary French in vocabulary and pronunciation. Chapter eight shows which languages are spoken (in addition to French) in metropolitan France, and chapter nine lists those countries in the world that use French as the official or co-official language. A French-English glossary and an answer key to the exercises complete the book.

La langue française à travers les siècles is appropriate for teachers, students and all francophone readers interested in the history of the French language. It can be used in intermediate and advanced French language and culture courses at high schools, colleges and universities.

Acknowledgements

I would like to express my sincere gratitude and appreciation to all who have supported me throughout the preparation of this book, especially the following: My colleagues in France, Christine Andant, Nicole and Robert Vallée, and Sylvain Avenel for their valuable comments and suggestions, Lois Vines and Andrzej Dziedzic for reviewing the manuscript, Stephanie Williams for the drawings and maps, and all my enthusiastic students whose excellent questions helped me to refine the content of this manual. I am especially grateful to Laura Espinoza, acquisitions editor at University Press of America and Hamilton Books, who assisted me beautifully throughout the writing of this book. Thank you Laura, you have been fabulous!

Chapitre 1

De la préhistoire à l'arrivée des Romains

Comme le portugais, l'italien, l'espagnol et le roumain, le français est une langue romane, c'est-à-dire issue du latin. Le latin lui-même remonte, avec beaucoup d'autres langues d'Europe et d'Asie, à une langue hypothétique appelée indo-européenne, qui a été reconstituée par les linguistes, car il n'y en a aucune trace écrite. Le tableau ci-dessous présente une liste des principales langues de la famille indo-européenne qui est composée de dix groupes. Le français appartient au groupe italique.

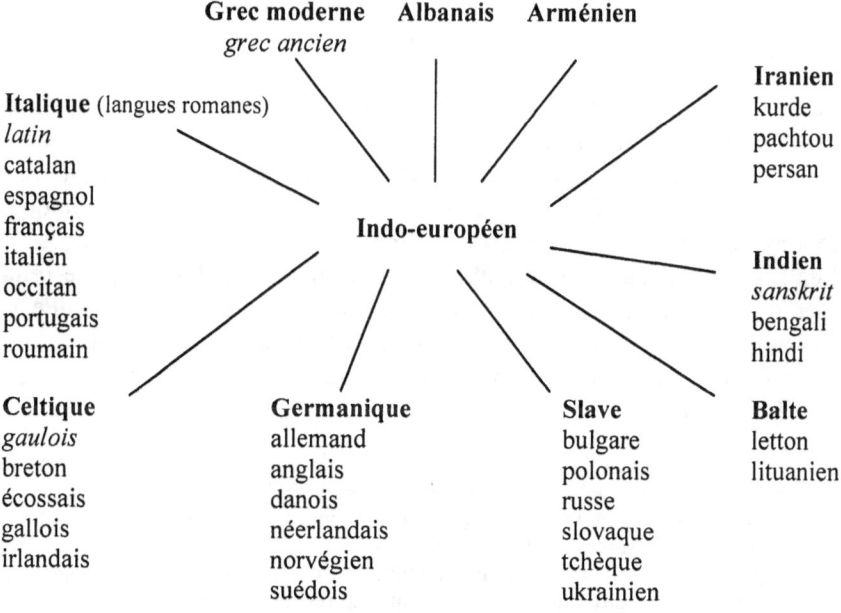

La famille des langues indo-européennes

Grec moderne **Albanais** **Arménien**
grec ancien

Italique (langues romanes)
latin
catalan
espagnol
français
italien
occitan
portugais
roumain

Iranien
kurde
pachtou
persan

Indo-européen

Indien
sanskrit
bengali
hindi

Celtique
gaulois
breton
écossais
gallois
irlandais

Germanique
allemand
anglais
danois
néerlandais
norvégien
suédois

Slave
bulgare
polonais
russe
slovaque
tchèque
ukrainien

Balte
letton
lituanien

Le latin, le gaulois, le sanskrit et le grec ancien sont éteints : on ne les parle plus. Le bosniaque, le croate, le macédonien, le serbe et le slovène sont aussi des langues slaves.

Il existe en Europe des langues (telles que le basque, le hongrois, le turc, l'estonien et le finnois) qui appartiennent à d'autres familles, très peu connues.

L'époque préhistorique et pré-romaine

On ne sait rien de la plupart des langues parlées en Gaule[1] avant l'arrivée des Romains au premier siècle avant Jésus-Christ. Il y a des milliers d'années, les premiers habitants, qui ignoraient l'écriture, nous ont laissé quelques traces de leur civilisation sur des parois de grottes. Certaines sont de véritables chefs-d'œuvre, tels que les images d'animaux dans la grotte de Lascaux, en Dordogne. Beaucoup plus tard, entre 5000 et 3000 avant notre ère, en Bretagne, d'autres populations préhistoriques ont dressé et aligné des mégalithes[2] pour honorer leurs morts ou leurs dieux. Si nous ignorons tout sur les langues de ces peuples, nous connaissons en revanche les noms de ceux qui avaient envahi la Gaule avant les Romains. Ce sont les Ligures, les Ibères, les Grecs et les Celtes.

Les Ligures

Les Ligures ont occupé une grande partie du futur territoire gaulois, en particulier la Provence, la Franche-Comté et le bassin du Rhône. Leur langue, indo-européenne, a laissé dans le français divers substantifs comme *avalanche*, *chalet* et *marron*, et se retrouve surtout dans quelques toponymes,[3] tels que *Tarascon* et *Manosque*, deux villes provençales. Les Ligures étaient de redoutables pirates qui devaient souvent se réfugier dans les calanques de la côte méditerranéenne entre Marseille et Cassis. Selon certains étymologistes,[4] le mot *calanque*, qui désigne une sorte de fjord (un bras de mer étroit) bordé de rochers abrupts, serait d'origine ligure.

---

1. C'est-à-dire sur le territoire qui est aujourd'hui la France. La *Gaule* (en latin *Gallia*) est le nom donné à cette région par les Romains.
2. On appelle ces monuments (visibles surtout près de Carnac en Bretagne) *dolmens* et *menhirs*. Ce sont des mots bretons, signifiant respectivement *table de pierre* et *pierre longue* [*dol* = 'table', *hir* = 'long' et *men* = 'pierre']. Les *menhirs* sont donc des pierres hautes et étroites, les *dolmens* ressemblent à d'énormes tables.
3. Toponyme signifie 'nom de lieu'.
4. Un étymologiste est un linguiste qui recherche l'origine des mots.

Les Ibères

Les Ibères, quant à eux, sont arrivés d'Espagne et se sont installés dans le sud-ouest du pays. Ils parlaient une langue non indo-européenne qui, selon certains linguistes, serait l'ancêtre du basque, une langue très particulière, qui ne ressemble à aucune langue indo-européenne connue, et qui se parle encore aujourd'hui au pays basque français[5] et au pays basque espagnol.

Les Grecs

Vers 600 avant Jésus-Christ, des marins phocéens[6] sont arrivés sur la côte méditerranéenne de la Gaule où ils ont fondé les villes de Marseille[7] (dont le nom vient du grec *Massalia,* devenu *Massilia* en latin), Nice (du grec *Nikaia* = la victorieuse) et Antibes (du grec *Antipolis* = ville d'en face). Si le grec n'est pas devenu la langue de la Gaule, c'est que les Grecs n'ont jamais occupé plus qu'une bande étroite du littoral provençal et languedocien. Et ils ne souhaitaient ni conquérir le pays ni lui apporter leur civilisation. Ils voulaient seulement vendre leurs produits et exploiter commercialement le pays. Les Grecs furent les premiers à cultiver la vigne en Gaule. La seconde syllabe du mot *vignoble* est d'origine grecque, la première d'origine latine. La plupart des mots grecs existant aujourd'hui dans la langue française (tels que *dôme, biais, fantôme, trèfle,* etc.) y ont été introduits plus tard.

Les Gaulois et le substrat gaulois

Vers 500 avant J.-C., c'est au tour des Celtes d'arriver (en provenance d'Europe centrale) sur le territoire de la future France. Et ils étaient toujours là quand les Romains envahirent cette région quatre siècles plus tard. Pour se moquer de ses adversaires, Jules César les appelle *Gaulois*. Ce nom vient du mot latin *Gallus*. Écrit avec un *G* majuscule, *Gallus*

---

5. Le pays basque français se trouve dans le sud-ouest de la France.
6. Les Phocéens sont des Grecs originaires de Phocée, ancienne ville d'Asie Mineure. (L'Asie Mineure correspond à la partie asiatique de la Turquie actuelle).
7. C'est à cause de ses fondateurs que Marseille, la plus ancienne ville de France, est surnommée la *Cité phocéenne*.

signifie *Gaulois*, écrit avec un g minuscule, *gallus* veut dire *coq*.[8] Les Gaulois parlaient une langue aujourd'hui disparue, le *gaulois*. On n'en sait pas grand-chose car les druides, chefs religieux des Gaulois, s'opposaient à toute transmission écrite de leur savoir.

Après la conquête romaine, le latin supplanta peu à peu la langue des Gaulois. Que reste-t-il du substrat[9] gaulois ? Outre des toponymes tels que Reims, Poitiers, Limoges, Nantes, Verdun et Paris (dont le nom vient

---

8. Voilà pourquoi le coq a été choisi comme emblème de la France en 1789. Et quand les Français sont fiers de quelque chose, ils disent volontiers « cocorico » qui est le chant du coq dans l'Hexagone (voir en bas de page).
Le deuxième emblème de la République française est *Marianne*, une femme souvent coiffée d'un bonnet phrygien, le symbole de la liberté. La Phrygie est un ancien pays d'Asie mineure, et le bonnet phrygien est un bonnet rouge qui représentait déjà la liberté dans l'antiquité romaine, où les esclaves affranchis (libérés) le portaient. La République française s'étant affranchie du joug de la monarchie en 1789, les révolutionnaires reprirent ce bonnet comme symbole de la liberté en 1790 et choisirent de le porter eux aussi. Depuis la Révolution, Marianne représente donc les valeurs de la République française contenues dans la devise « *liberté, égalité, fraternité* ». Le nom Marianne vient d'une chanson occitane composée en 1792 et intitulée « la garison de Mariano » (la guérison de Marianne). Ce prénom était très répandu au XVIIIe siècle chez les filles du peuple. Aujourd'hui, Marianne figure sur les pièces françaises de un, deux et cinq centimes d'euro ainsi que sur des timbres-poste. Le buste de Marianne se trouve dans toutes les mairies de France. Les maires choisissent régulièrement des Françaises célèbres comme modèle. En 1968, ce fut l'actrice Brigitte Bardot, en 1978, la chanteuse Mireille Mathieu, en 1985 l'actrice Catherine Deneuve, en 1989 le mannequin Inès de la Fressange, en 2000 le mannequin Laetitia Casta, et en 2010 l'animatrice de télévision Evelyne Thomas.
Le troisième emblème national est le drapeau tricolore (bleu, blanc, rouge), également issu de la Révolution française. En 1789, le peuple crée à Paris une milice pour se défendre contre l'armée du roi. Les miliciens, et par la suite tous les révolutionnaires, portaient une cocarde bleue et rouge, les couleurs de la ville de Paris. Le roi Louis XVI accepte lui aussi de la porter et décide d'y ajouter le blanc, la couleur de la royauté, pour montrer l'alliance de la monarchie et du peuple. En 1794, un an après l'exécution de Louis XVI, le drapeau tricolore devient le drapeau national.
9. Le *substrat* est une langue (dans ce cas, le gaulois) qui est remplacée par une autre langue (dans ce cas, le latin) dans laquelle elle laisse des traces.

On appelle souvent la France *l'Hexagone* parce que son territoire a une forme qui ressemble à un hexagone, une figure géométrique à six côtés.

de ses premiers habitants, la peuplade celtique des *Parisii)*,[10] le gaulois a laissé quelques dizaines de mots dans le lexique français. D'abord les mots désignant des objets que les Romains ignoraient avant leur arrivée en Gaule. Les Gaulois s'habillaient différemment : ils portaient des chemises et des pantalons. Les mots *chemise* et *braies*[11] sont ainsi d'origine gauloise. Par ailleurs, les Gaulois étaient d'excellents agriculteurs et beaucoup de mots celtes qui sont devenus latins proviennent du domaine de l'agriculture : *charrue* et *sillon,* par exemple. Certains noms de plantes et d'animaux pas ou peu connus à Rome sont aussi d'origine celte, tels que *bouleau, chêne, sapin, mouton* et *alouette.* Les Gaulois savaient préparer de la bière, une boisson inconnue des Romains. Les mots *cervoise* (qui voulait dire *bière* en ancien français) et *brasserie* sont d'origine gauloise. Le terme *bière*, d'origine germanique, a évincé *cervoise* au XVe siècle.[12] Ce mot nouveau désignait une nouvelle boisson alcoolisée, faite avec du houblon et non plus avec de l'orge.

La langue celte aurait aussi influencé une partie de la numération en français moderne. Les Gaulois utilisaient un système vicésimal, c'est-à-dire qu'ils comptaient par vingt.[13] Cet usage était encore très courant en ancien français avec *vingt-dix* (30), *deux vingts* (40), *trois vingts* (60), *six vingts* (120), etc. Aujourd'hui, il reste de cette façon de compter les mots *quatre-vingts* (4 x 20 = 80) et *quatre-vingt-dix* (4 x 20 + 10 = 90) ainsi que le nom d'un hôpital à Paris, *les Quinze-Vingts* (*quinze-vingts* voulant dire trois cents : 15 x 20 = 300), construit à la demande de Saint Louis au XIIIe siècle pour soigner trois cents chevaliers revenus aveugles de la croisade.

Enfin, selon certains linguistes, le son [y] et les voyelles nasales proviendraient du substrat gaulois.

Le latin en Gaule

Après s'être installés dans la Gaule du sud-est en 150 av. J.-C., dans une région qu'ils appelaient *Provincia*[14] *romana*, Jules César et les Romains

---

10. Vers 360, la cité gallo-romaine, appelée Lutetia (Lutèce) par les Romains, a pris le nom de Paris d'après les *Parisii* qui vivaient dans l'Île de la Cité depuis le troisième siècle avant J.-C.
11. En français moderne, *braies* désigne le pantalon ample que portaient les Gaulois.
12. En français moderne, le mot *cervoise* désigne la bière d'orge que fabriquaient les Gaulois. Notez aussi qu'en espagnol, *cerveza* signifie toujours *bière* aujourd'hui.
13. *Vingt* étant le nombre de doigts et d'orteils (doigts de pied) que possède un être humain.
14. C'est l'origine du nom de la région aujourd'hui appelée *Provence*.

ont vaincu le chef des Gaulois, Vercingétorix[15] et conquis toute la Gaule entre 59 et 51 av. J.-C.[16] Petit à petit, les Gaulois ont adopté la langue de leurs conquérants, le latin. Et c'est cette langue qui donnera naissance au français. Toutefois, ce n'est pas le latin classique écrit qui est à l'origine du français mais le latin parlé dit vulgaire,[17] une langue simplifiée que les habitants de la Gaule (les Gallo-Romains) parlaient dans leur vie quotidienne. Ce latin familier se caractérisait entre autres par la substitution de formes plus faciles pour les verbes à conjugaison difficile et par la simplification de la déclinaison.

Les verbes

Le verbe latin *ire* (aller), encore présent aujourd'hui dans les formes du futur et du conditionnel, est remplacé par *ambulare* (se promener) et *vadere* (avancer). Les formes *je vais, tu vas, il va, ils vont* proviennent du verbe *vadere*, tandis que l'infinitif (*aller*) et les formes du présent (*nous allons, vous allez*) ainsi que de l'imparfait (*j'allais, tu allais, il allait, nous allions, vous alliez, ils allaient*), du passé simple (*j'allai, tu allas, il alla, nous allâmes, vous allâtes, ils allèrent*) et du subjonctif (*que j'aille, que tu ailles, qu'il aille, que nous allions, que vous alliez, qu'ils aillent*) sont issues du verbe *ambulare*.

Le verbe latin *edere* (manger) est remplacé par *manducare* (mâcher), devenu *manger*, et par *comedere* (manger complètement), devenu *comer* en espagnol et en portugais, car les formes du verbe *edere* concordaient avec celles du verbe *esse* (être).

---

15. Après avoir été battu par les Romains dans la bataille d'Alésia en 52, Vercingétorix, le premier héros de l'histoire de France, est emmené à Rome par Jules César et étranglé en prison quelques années plus tard.
16. La célèbre bande dessinée « Astérix le Gaulois », créée en 1959 par Goscinny et Uderzo, se passe pendant cette période de l'histoire. L'intrépide petit Astérix (*rix* veut dire 'roi') et son ami Obélix sont les habitants d'un village gaulois d'Armorique (aujourd'hui la Bretagne) qui résiste aux envahisseurs romains en déjouant les plans de Jules César grâce à la force surhumaine qu'ils tirent de la potion magique préparée par le druide Panoramix. Le livre commence ainsi : « Nous sommes en 50 avant Jésus-Christ. Toute la Gaule est occupée par les Romains... Toute ? Non ! Un village peuplé d'irréductibles Gaulois résiste encore et toujours à l'envahisseur. »
17. Le terme *vulgaire* n'a pas de connotation péjorative dans ce contexte. Il vient de *vulgus* (le peuple) et a été utilisé pour la première fois au XIXe siècle pour désigner le latin familier qui est la base de toutes les langues romanes.

Les formes du verbe *être* en français moderne proviennent de deux verbes latins : *esse* (exister*)* qui devient *essere* en latin vulgaire, *estre* en ancien français et ensuite *être*, et *stare* (se tenir debout), qui devient *ester* en ancien français. Tandis que l'espagnol et le portugais ont encore les deux verbes (*essere* est devenu *ser* et *stare, estar*), le français les confond dans les conjugaisons. La plupart des formes du verbe *être* proviennent du verbe *essere*, mais les participes présent (*étant*) et passé (*été*), ainsi que l'imparfait (j'*étais*, etc.), sont issus du verbe *ester*.

Les noms

En latin classique, langue synthétique, les substantifs et les adjectifs se déclinaient,[18] c'est-à-dire que leur fonction grammaticale (sujet, objet, etc.) était indiquée par un suffixe donnant le cas.[19] Il y avait six cas : le nominatif, le génitif, le datif, l'accusatif, l'ablatif, et le vocatif. En latin vulgaire, la déclinaison classique a été réduite, et dans le langage du IXe siècle, deux cas seulement ont survécu, le nominatif pour le sujet et l'accusatif pour l'objet de la phrase. Par la suite, la langue devient une langue analytique où articles et prépositions remplacent les terminaisons.

Contrôle des connaissances

A. Associez les langues indo-européennes et leur famille.

1. le français, l'espagnol, l'italien, le portugais, le roumain   a. langues celtiques

2. le russe, le polonais, le bulgare, le tchèque   b. langues germaniques

3. l'anglais, l'allemand, le suédois, le norvégien, le néerlandais   c. langues slaves

4. le gallois, le breton, l'écossais   d. langues romanes

B. Répondez aux questions suivantes.

1. Comment s'appelait la France autrefois ?

---

18. Comme encore aujourd'hui en allemand et en russe.
19. Par exemple : *lingua* (*langue* en latin) est le sujet (le nominatif), *linguam* l'objet direct (l'accusatif).

2. Quelles langues européennes n'appartiennent pas à la famille indo-européenne ?
3. Quelle ville est surnommée *la Cité phocéenne* ?
4. Décrivez un *menhir* et un *dolmen*.
5. De quels verbes latins proviennent les formes du verbe *aller* ?
6. Dans quel ordre sont arrivés en Gaule les Celtes, les Grecs, les Ibères et les Ligures ?
7. Quels noms de villes françaises sont d'origine grecque ?
8. Quels sont les trois emblèmes de la République française ?
9. D'où vient le nom *Gaulois* ?
10. Quelle est la devise de la République française ?
11. Quel est le cri du coq en France ?
12. Qu'est-ce qu'un *substrat* ?
13. Comment s'appellent les premiers habitants de Paris ?
14. Quels nombres du français moderne proviennent des Celtes ?
15. Qui est le premier héros national français et pourquoi ?

C. Complétez ces affirmations avec les adjectifs suivants :
   disparues – fiers – germanique – synthétique – vicésimale – vulgaire (2)

1. Le latin .... est la base du français moderne.
2. Le latin classique est une langue ....
3. Le latin .... est un latin simplifié.
4. Les Gaulois utilisaient une numération ....
5. Le mot *bière* est d'origine ....
6. Le gaulois et le latin sont des langues ....
7. Quand les Français sont .... de quelque chose, ils disent *cocorico* !

Fig. 1. Monuments préhistoriques et emblèmes de la France.

Chapitre 2

Les grandes invasions

Les Francs et le superstrat[1] germanique

La langue des Gallo-Romains a ensuite subi l'influence des envahisseurs germaniques, notamment celle des Francs.[2] Les Francs arrivèrent en Gaule au Ve siècle après J.-C. (siècle de la chute de l'Empire romain) et occupèrent le nord du pays jusque vers le bassin de la Loire. Contrairement à ce qui était arrivé après la conquête romaine, ce furent les vainqueurs qui adoptèrent la langue des vaincus. Outre la langue des Gallo-Romains, le gallo-roman,[3] les Francs acceptèrent aussi leur culture et leur religion. Leur roi Clovis (ses descendants sont les *Mérovingiens*, la première dynastie française) se convertit au christianisme en 496 quand il fut baptisé à Reims.

À partir du VIIIe siècle, le nom de *Gallia* fut remplacé par *Francia*, pays des Francs. Ce nouveau nom désigna d'abord le royaume des Francs, ensuite l'empire de Charlemagne et finalement la France actuelle.

Si les Francs (dont les rois furent bilingues jusqu'au Xe siècle) n'ont pas imposé leur langue aux habitants de la Gaule, le pays conquis, ils ont laissé dans le français un grand nombre de mots franciques, tels que *fauteuil, falaise, jardin, blé, bois, forêt, chouette, orgueil, laid, gant, guerre, poche, robe, blanc, bleu, gris, brun, blond* et bien sûr, *France* et *français*.

Les Francs ont aussi fortement influencé la prononciation du gallo-roman au nord de la France. Ils ont réintroduit l'aspiration du *h* initial que les Gallo-Romains avaient cessé de prononcer. Nous savons tous qu'il y a aujourd'hui en français deux sortes de *h* : le *h muet* (dans les mots

---

1. On appelle *superstrat* la langue maternelle du conquérant (ici le francique, la langue des Francs) qui influence la langue du pays conquis (ici le latin), mais sans s'y substituer.
2. Les autres peuplades qui envahirent la France furent les Wisigoths et les Burgondes.
3. On appelle gallo-roman la forme du latin vulgaire parlée en Gaule aux premiers siècles après Jésus-Christ.

d'origine latine comme *homme* et *heure*, par exemple) et le *h aspiré* (qui se trouve, à quelques exceptions près, dans les mots d'origine étrangère dont la majorité sont d'origine franque,[4] tels que *haie, houx, hanneton, haine, haïr, hache, hanche, honte, hardi*, etc.). Aucun de ces *h* (ni le *h muet*, ni le *h aspiré*) n'est prononcé en français moderne. Ce qui les différencie, c'est que le *h muet* est traité comme une voyelle (on fait l'élision[5] et la liaison[6] : l'heure, j'habite, les‿heures) et le *h aspiré* comme une consonne (on ne fait ni liaison ni élision : je hais, la hache, les // haches). On doit aussi aux Francs le *w* initial bilabial (devenu *gw* dans la bouche des Gallo-Romains) qui aboutit à *g*. Ainsi, le mot francique *werra* devint *gwerra* et ensuite *guerre*.

La langue d'oïl et la langue d'oc

Au Moyen Âge, il y avait en France de nombreux dialectes[7] variant considérablement d'une région à une autre. Au XIVe siècle, ces parlers locaux ont été groupés en deux langues par le poète italien Dante Alighieri qui a classé les langues romanes en fonction de leur façon de dire *oui* (*oïl, oc* et *si*). Il appelait *langue d'oïl* l'ensemble des dialectes parlés dans le nord de la France (où le mot *oïl*[8] voulait dire *oui*) et *langue d'oc*[9] ceux du sud qui utilisaient *oc* comme adverbe d'affirmation.

C'est l'influence franque qui a créé la barrière linguistique entre le nord et le sud en modifiant profondément le système phonique de la langue qui allait devenir le français. Les Francs qui, rappelons-le, occupèrent le nord du pays, prononçaient les mots latins de façon germanique, c'est-à-dire qu'ils accentuaient très fort la première voyelle d'un mot et affaiblissaient les voyelles suivantes, comme on le fait toujours

---

4. Notez qu'en anglais, les mots dans lesquels le *h* initial est prononcé (*horse, honey, hobby, house*, etc.) sont d'origine anglo-saxonne (germanique), tandis que les mots où il ne se prononce pas (*honor, heir, hour, honest*, etc.) sont d'origine latine et ont été introduits lors de la conquête normande, en 1066.
5. On fait l'*élision* quand on supprime (et remplace par une apostrophe) la voyelle finale (a, e, i) d'un mot qui est suivi d'un terme commençant par une voyelle ou un *h muet*.
6. On fait la *liaison* quand on prononce la consonne finale (normalement) muette d'un mot en la reliant à la voyelle (ou au *h muet*) initiale du mot suivant.
7. On parlait normand en Normandie, bourguignon en Bourgogne, champenois en Champagne, picard en Picardie, angevin en Anjou, poitevin dans le Poitou, etc.
8. Le 'oui' en français moderne vient de *oïl*, car c'est le français du nord, plus précisément le français de l'Île-de-France, qui est la base du français actuel.
9. Le nom de la province *Languedoc* vient de cette langue aujourd'hui appelée l'occitan ou le provençal.

aujourd'hui en allemand (dans l'expression *Guten Morgen*, par exemple, on entend très bien les premières voyelles *u* et *o*, mais à peine les *e* suivants). Dans le développement d'une langue, la forte accentuation d'une voyelle et l'affaiblissement d'une autre a deux conséquences : les voyelles accentuées sont susceptibles de changer et celles présentes dans les syllabes non accentuées deviennent des *e* muets ou disparaissent complètement, ainsi que les consonnes qui les entourent. Le mot latin *manus*, par exemple, est devenu *mano* en espagnol et en italien, mais en français, tout ce qui reste des deux syllabes latines en est une seule : *main*. N'ayant pas subi l'influence franque, les autres langues romanes (y compris la langue d'oc) sont restées très proches du latin, tandis que la langue d'oïl s'en est beaucoup éloignée. Et voilà pourquoi le français moderne se différencie fortement des autres langues du même groupe.

Comparaison des formes latines, espagnoles, italiennes et françaises

latin	*espagnol*	*italien*	*français*
aqua	agua	acqua	eau [o]
manus	mano	mano	main [mɛ̃]
augustus	agosto	agosto	août [ut]
altus	alto	alto	haut [o]

D'autres invasions

Les Arabes

Au début du VIIIe siècle, après avoir occupé toute l'Espagne, les Arabes arrivèrent en France. Ils furent repoussés par Charles Martel lors de la bataille de Poitiers, en 732. Les mots suivants du vocabulaire français sont d'origine arabe : *sucre, coton, safran, abricot, artichaut, orange, algèbre, alcool, raquette, magasin* et *chiffre*. *Chiffre* signifiait d'abord *zéro* (comme en arabe) et a pris le sens de *nombre* au XVIe siècle.

Et n'oublions pas que nous devons aussi nos chiffres (1, 2, 3, 4, 5, 6, 7, 8, 9, 0) aux Arabes. Les chiffres romains (I, V, X, L, C, D, M)[10] sont employés jusqu'au XVIIIe siècle et c'est la Révolution française qui généralise l'emploi systématique des chiffres arabes en France pour rendre

---

10. **I** = un ; **V** = cinq ; **X** = dix ; **L** = cinquante ; **C** = cent ; **D** = cinq cents ; **M** = mille

le calcul plus facile. Les mots arabes sont le plus souvent passés en France par l'Espagne, le Portugal et l'Italie où les Arabes s'étaient installés. Beaucoup plus tard (au XIXe siècle, lors de la colonisation de l'Afrique du Nord), les termes *kif-kif* (un mot de la langue familière signifiant *la même chose*), *couscous* (un plat du Maghreb), *toubib* (aujourd'hui le mot argotique pour *médecin*) et *bled* (désignant un village éloigné et sans importance) ont pénétré directement dans la langue française.

Contrôle des connaissances

A. Complétez les phrases suivantes.

1. La France doit son nom aux ....
2. Les .... arrivent en Gaule au Ve siècle.
3. Les mots *haine, hache, haie* et *honte* commencent par un *h* ....
4. La majorité des mots français qui commencent par un *h aspiré* sont d'origine ....
5. Ce sont les .... qui ont réintroduit la prononciation du *h* initial qui ne se prononçait plus en latin.
6. L'ensemble des dialectes qui se parlaient dans le nord de la France s'appelle ....
7. L'ensemble des dialectes qui se parlaient dans le sud de la France s'appelle ....
8. *Oïl* et *oc* voulaient dire ....
9. Les chiffres arabes remplacent les chiffres romains au .... siècle.

B. Répondez aux questions suivantes.

1. Qu'est-ce que le francique ?
2. Quelle est la différence entre un *h muet* et un *h aspiré* ?

3. Soulignez les mots ci-dessous qui commencent par un *h aspiré* :
habiter – hache – haïr – heure – homme – honte

4. Pourquoi le français s'est-il davantage éloigné du latin que les autres langues romanes ?

5. Citez cinq mots français d'origine arabe.

6. Quels nombres représentent les chiffres romains suivants : L, C, D, M ?

7. Qu'est-ce qu'un *superstrat* ?

C. Identifiez les personnages suivants :

1. Vercingétorix   a. tribus germaniques
2. Clovis   b. célèbre chef gaulois
3. Dante Alighieri   c. roi mérovingien
4. Charles Martel   d. poète italien qui a classé les langues romanes selon leur manière de dire *oui*
5. les Wisigoths, les Burgondes e. celui qui repousse les Arabes hors du royaume franc lors de la bataille de Poitiers (732)

D. Identifiez l'origine des mots suivants :

1. toubib   a. mot latin qui veut dire *main*
2. kif-kif   b. mots d'origine arabe
3. blanc, bleu, gris, brun   c. mot d'origine arabe qui veut dire *médecin*
4. sucre, safran, coton   d. mots d'origine francique
5. manus   e. mot d'origine arabe qui veut dire *la même chose*

Fig. 2. La langue d'oïl et la langue d'oc.

Chapitre 3

Le roman (IXe - Xe siècles)

La renaissance carolingienne

La dynastie des Carolingiens succède à celle des Mérovingiens. L'empereur Charlemagne, le plus grand représentant de cette famille, rétablit l'empire d'Occident en 800. Ayant une grande admiration pour le latin classique, il n'aimait pas ce qui lui était arrivé et souhaitait que la population, qui ne le comprenait plus, apprenne à le lire et à l'écrire. On appelle cette tentative de restaurer la langue latine et d'éduquer le peuple la renaissance carolingienne. Pour rendre à ses sujets la connaissance de la langue latine, Charlemagne fonda des écoles, fit rédiger des grammaires et appela des savants à sa cour, le plus célèbre étant le moine Alcuin d'Oxford. Grâce à la renaissance carolingienne, on se rendait compte que tout le monde parlait une langue qui n'était plus du latin. On appela cette nouvelle langue *lingua romana rustica*, langue romane rustique, et par la suite *romanz* qui est devenu *roman*.[1] À partir du XIIIe siècle, cette langue fut nommée *françois* (la graphie *français* date du XIXe siècle), un mot d'origine francique désignant d'abord les Francs.

À peu près à la même époque (au VIIIe siècle) parurent de nombreux glossaires (dictionnaires) qui expliquaient les mots du latin classique en langue romane pour rendre plus facile la lecture de la Vulgate.[2] Les plus célèbres de ces documents sont les *gloses de Reichenau,* nommées ainsi

---

1. Le mot *roman* (du latin *romanice* = à la façon des Romains) désignait à l'origine la langue vulgaire parlée en Gaule entre le Ve et le Xe siècle. Au XIIIe siècle, le terme *roman* commence à désigner certains ouvrages écrits dans cette langue, tels que *le Roman de la Rose* et *le Roman de Renart* (le mot *renard* du français moderne provient de cet ouvrage, car c'était le nom propre donné à l'animal appelé *goupil* avant le XIIIe siècle). À partir du XVIe siècle, *roman* désigne toute œuvre d'imagination assez longue écrite en prose.
2. La Vulgate, version latine de la Bible, date du IVe siècle. Gutenberg, qui inventa l'imprimerie au XVe siècle, choisit la Vulgate pour imprimer son premier livre en 1455.

car le manuscrit a été découvert dans le monastère de Reichenau en Allemagne.

L'an 813 est une date importante dans le développement de la langue française. C'est l'année où le Concile de Tours demande aux prêtres de prêcher en *rusticam romanam linguam* (langue romane rustique), car le peuple ne comprenait plus le latin des sermons. C'est la première reconnaissance officielle de la langue romane. Le Concile ne demande cependant pas aux ecclésiastiques de dire la messe en langue romane.[3]

Les Serments de Strasbourg

Le texte considéré comme le premier document de la langue française, ce sont les *Serments de Strasbourg*. À la mort du successeur de Charlemagne, Louis le Débonnaire, deux de ses trois fils, Charles le Chauve et Louis le Germanique, veulent diviser l'empire, tandis que leur frère aîné, Lothaire, souhaite en conserver l'unité. Charles et Louis s'allient donc contre Lothaire, et se donnent rendez-vous en 842 à Strasbourg pour jurer de se prêter un secours mutuel. Afin d'être compris des troupes de son frère Charles, Louis jure en langue romane, et Charles prononce le même serment en langue germanique devant les troupes franques de son frère. C'est la version en langue romane qui est tenue pour le premier texte écrit en français. Voici un extrait du texte original et sa traduction en français contemporain :

> Pro Deo amur et pro christian poblo et nostro commun salvament, d'ist di in avant, in quant Deus savir et podir me dunat, si salvarai eo cist meon fradre Karlo, et in aiudha et in cadhuna cosa, si cum om per dreit son fradra salvar dift, in o quid il mi altresi fazet, et ab Ludher nul plaid nunquam prindrai qui meon vol, cist meon fradre Karle in damno sit.

> *Pour l'amour de Dieu et pour le peuple chrétien et notre salut commun, à partir de ce jour, tant que Dieu me donne le savoir et le pouvoir, je soutiendrai mon frère Charles de mon aide et en chaque chose, comme on doit par droit soutenir son frère, à condition qu'il fasse autant pour moi, et je ne prendrai jamais aucun arrangement avec Lothaire qui, de ma volonté, soit au détriment de mon frère Charles.*

---

3. La messe s'est célébrée en latin jusqu'au milieu du XXe siècle.

Ce texte ressemble encore beaucoup au latin, mais comme il y a des changements importants [de nouvelles formes pour le futur (*salvarai, prindrai*), un nouveau pronom (*il*), etc.], pour les linguistes, il s'agit bien d'une nouvelle langue. Cependant, si l'on utilisait le roman dans la communication quotidienne, les études se faisaient toujours en latin et les textes littéraires de l'époque continuaient à s'écrire en latin, mises à part quelques œuvres religieuses concernant la vie des saints, comme *la Cantilène de sainte Eulalie*[4] (vers 880) et *la Vie de saint Alexis* (XIe siècle). Le latin était aussi la langue de communication entre les peuples qui parlaient des dialectes mutuellement inintelligibles. C'est seulement au XVIIe siècle que le français évince complètement le latin dans la littérature, et ce n'est qu'au XVIIIe siècle que tous les textes scientifiques et philosophiques sont écrits en français. Au XVIIe siècle, le philosophe Descartes écrivait encore quelques-unes de ses œuvres en latin. Sa fameuse phrase « je pense, donc je suis » (qui se trouve d'abord dans son *Discours de la Méthode* rédigé en français) devient « cogito ergo sum » dans son ouvrage *Les Principes de la Philosophie* (1644), écrit en latin.

De nouvelles invasions

Les Normands

Au début du IXe siècle, les Vikings arrivent de Scandinavie et ravagent les régions côtières et l'intérieur du pays. Pour qu'ils renoncent à leurs pillages, le roi Charles le Simple décide en 911 de céder à ces hommes du Nord (les Normands) une partie du littoral de la Manche. La région où ils s'installent reçoit d'eux le nom de Normandie.[5] Au bout de trois générations, les Normands, ayant adopté la langue, la religion et la culture de leur nouveau pays, furent complètement romanisés, de sorte que Guillaume le Conquérant a pu transporter la langue romane (le futur français) en Angleterre un siècle et demi après l'établissement de ses ancêtres en Normandie. Après avoir gagné la bataille de Hastings[6] en 1066, Guillaume devient roi d'Angleterre. Et le français[7] sera la langue de la cour royale, de la jurisprudence, de l'église, de l'aristocratie et de toutes les

---

4. Cette œuvre est considérée comme le premier texte littéraire en français.
5. Signifiant « pays des hommes du Nord ».
6. Cette bataille entre le duc anglais Harold et Guillaume, duc de Normandie, a lieu car le roi d'Angleterre, Édouard le Confesseur, avait promis sa couronne à tous les deux hommes. La Tapisserie de la Reine Mathilde (à Bayeux) raconte, en images, ce combat.
7. On appelle anglo-normand le dialecte français parlé en Angleterre.

personnes cultivées en Angleterre pendant plus de quatre siècles. Au cours de cette période, le français a exercé sur l'anglais une énorme influence. C'est grâce à Guillaume le Conquérant qu'une grande partie du vocabulaire anglais est d'origine française. Quant aux Scandinaves, même s'ils ont très vite abandonné leur propre langue, ils en ont laissé quelques traces dans le vocabulaire français d'aujourd'hui. Il s'agit surtout de fruits de mer et de termes maritimes (les Vikings étaient d'excellents navigateurs), tels que *vague*, *homard*, *crabe* et *turbot*, ainsi que de quelques toponymes, *Honfleur*, *Trouville*, etc.

Contrôle des connaissances

A. Répondez aux questions suivantes.

1. Quelle dynastie succède à celle des Mérovingiens ?
2. Comment appelle-t-on la langue parlée en France à partir du IXe siècle ?
3. Qu'est-ce que le Concile de Tours demandait aux prêtres de faire et pourquoi ?
4. Quel document est considéré comme le premier texte rédigé en langue française ?
5. Comment s'appelle le premier texte littéraire écrit en roman en 880 ?
6. Quel peuple a envahi la France au IXe siècle ?
7. Quelle est l'origine du nom *Normandie* ?
8. Quelles furent les conséquences de la victoire de Guillaume le Conquérant à la bataille de Hastings ?
9. Quels mots les Vikings ont-ils laissés dans la langue française ?

B. Associez les éléments des deux colonnes.

1. Alcuin	a. philosophe français du XVIIe siècle
2. la Vulgate	b. premier document en langue française
3. 813	c. 'dictionnaire' latin - roman
4. Descartes	d. bataille de Hastings
5. 1066	e. œuvre religieuse du XIe siècle
6. le roman	f. Concile de Tours
7. les Serments de Strasbourg	g. moine anglais, conseiller de Charlemagne
8. les Gloses de Reichenau	h. œuvre littéraire (en roman) du XIIIe siècle
9. la Vie de saint Alexis	i. langue qui deviendra le français
10. le Roman de la Rose	j. version latine de la Bible

Chapitre 4

L'ancien français (XIe - XIIIe siècles)

Au XIe siècle, le roman devient l'ancien français qui n'a conservé que deux cas de la déclinaison latine, le cas sujet (le nominatif) et le cas objet (l'accusatif). Mais il ne faut pas croire qu'à cette époque tout le monde en France parlait la même langue. Il n'existait toujours pas, dans la vie quotidienne, de langue nationale commune à tous les habitants du territoire. Chaque région de France avait son propre dialecte, et les habitants d'une région comprenaient peu ou pas du tout ce que disaient ceux d'une autre. Les différences dialectales dépendaient des distances, des obstacles naturels (montagnes, fleuves, etc.) et des frontières politiques. Parmi les nombreux dialectes de la langue d'oïl de l'ancien français, il y avait le normand, le picard, le lorrain, le bourguignon, le champenois, le francien (dialecte de l'Île-de-France), etc. Les œuvres littéraires de cette époque[1] sont écrites en dialectes locaux. Chrétien de Troyes (XIIe siècle), l'auteur du roman *Perceval ou le Conte du Graal*, rédigea son ouvrage en dialecte champenois. Et la célèbre *Chanson de Roland* nous est parvenue en anglo-normand. Cette *chanson de geste*,[2] rédigée par un auteur inconnu au XIe siècle, raconte (en transformant les faits historiques) la lutte de Charlemagne contre les Sarrasins[3] en Espagne. Après avoir fait la guerre pendant sept ans, Charlemagne et son armée rentrent en France. Roland, le héros de l'épopée et neveu de l'empereur dans cette œuvre, est à la tête de l'arrière-garde, attaquée par les Sarrasins à Roncevaux, dans les

---

1. Aux XIe et XIIe siècles, la littérature du Midi jouissait d'un grand prestige grâce aux *troubadours*, poètes, compositeurs et musiciens qui allaient de château en château dans le sud de la France pour chanter leurs œuvres (écrites en langue d'oc) exaltant l'idéal de l'amour courtois. Dans le nord, on appelait *trouvères* ces poètes lyriques itinérants dont la poésie (écrite en langue d'oïl) célébrait des aventures chevaleresques, mais imitait aussi celle des troubadours. Malheureusement, la culture provençale raffinée de cette période fut détruite lors de la Croisade des Albigeois (1209-1229), une guerre sanglante, organisée (au nom de l'Église) par les seigneurs du nord de la France pour lutter contre le catharisme, un mouvement hérétique qui s'était répandu dans le Midi.
2. Les chansons de geste (du latin *gesta* signifiant *choses faites*) sont des épopées en vers qui parlent des batailles du passé et célèbrent les exploits héroïques des guerriers.
3. Au Moyen Âge, on appelait *Sarrasins* les peuples de confession musulmane.

Pyrénées. Son ami Olivier essaie en vain de convaincre le fier Roland d'appeler son oncle à l'aide. Roland ne sonne son cor que lorsqu'il est sur le point de mourir. Quand Charlemagne apprend la mort de son neveu, il anéantit les Sarrasins.

Voici un extrait de la *Chanson de Roland* et sa traduction en français moderne :

Ço sent Rollant que la mort li est près :
Roland sent que la mort lui est proche :

Par les oreilles fors s'e ist li cervel.
Par les oreilles sort le cerveau.

De ses pers priet Deu ques apelt,
Il prie Dieu d'appeler ses pairs,

E pois de lui a l'angle Gabriel.
Puis, pour lui-même, il prie l'ange Gabriel.

Prist l'olifan, que reproce n'en ait,
Il prend l'olifant pour qu'il n'y ait pas de reproche,

E Durendal, s'espee, en l'altre main.
Et Durendal, son épée, dans l'autre main.

Plus qu'arcbaleste ne poet traire un quarrel,
Plus loin qu'une portée d'arbalète,

Devers Espaigne en vait en un guaret ;
Il s'en va vers l'Espagne dans un guéret ;

Muntet sur un tertre ; desuz dous arbres bels,
Il monte sur un tertre ; sous deux beaux arbres,

Quatre perruns i ad, de marbre faiz ;
Il y a quatre blocs, faits de marbre ;

Sur l'erbe verte si est caeit envers :
Sur l'herbe verte il est tombé à la renverse :

La s'est pasmet, kar la mort li est près.
Là, il s'est évanoui, car la mort lui est proche.

À partir du XIIIe siècle, le parler de l'Île-de-France commence à s'imposer (d'abord dans les régions de la langue d'oïl, puis dans celles de la langue d'oc). Alors que le francien avait gagné du prestige (entre autres grâce à la fondation de l'université de Paris au milieu du XIIe siècle), la croisade des Albigeois avait contribué au déclin de la langue d'oc parlée dans le sud. Pourquoi le francien deviendra-t-il la langue standard de la France et non pas un autre dialecte ? La victoire que le francien a remportée a surtout des causes géographiques et politiques. Le dialecte de l'Île-de-France était la langue du roi de France et de Paris, siège de la royauté et centre du pays.

La France a donc désormais une langue commune, mais les dialectes locaux continuent à être parlés dans la plupart des régions, et le latin classique demeure la langue de l'Église, des écoles et des universités médiévales. À la Sorbonne[4] (le collège de théologie fondé en 1253 au sein de l'université de Paris par Robert de Sorbon), par exemple, l'enseignement se fait en latin et les étudiants doivent rédiger leurs travaux en latin et parler latin.[5] Voilà pourquoi le quartier parisien où se trouve la Sorbonne est appelé *Quartier latin*.

Contrôle des connaissances

A. Répondez aux questions suivantes.

1. Comment s'appelle le dialecte de l'Île-de-France ?

2. Quel dialecte devient la langue nationale de la France et pourquoi ?

3. Quelle langue utilise-t-on dans les écoles et universités médiévales ?

4. En quel siècle la Sorbonne a-t-elle été fondée et par qui ?

5. Qu'est-ce que la Sorbonne aujourd'hui ?

6. D'où vient le nom Quartier latin ?

7. Qui a écrit *Perceval ou le conte du Graal* ?

8. Qu'est-ce qu'une chanson de geste ?

---

4. Aujourd'hui, la Sorbonne est la partie de l'université de Paris qui offre des diplômes (licence, master et doctorat) en langues, en lettres, en arts, et en sciences humaines et sociales.
5. Les étudiants de la Sorbonne doivent soutenir leur thèse en latin jusqu'à la fin du XIXe siècle.

9. De quoi s'agit-il dans la *Chanson de Roland* ?
10. Quel est le nom de l'épée de Roland ?
11. Qu'est-ce qu'un olifant ?
12. Dans quel dialecte la *Chanson de Roland*[6] nous est-elle parvenue ?
13. Où parlait-on l'anglo-normand ?
14. Quelle est la cause du déclin de la langue d'oc ?

---

6. Rappelons que, puisque l'imprimerie ne fut inventée qu'au XVe siècle, les textes du Moyen Âge (avant 1455), dont *la Chanson de Roland*, furent copiés sur du parchemin par des personnes (souvent des moines) sachant lire et écrire qu'on appelait scribes ou copistes.

Chapitre 5

Le moyen français (XIVe - XVIe siècles)

À partir du XIVe siècle, les deux cas[1] de l'ancien français commencent à disparaître. Désormais, le sujet et l'objet sont identifiables surtout par leur position dans la phrase : le sujet se place généralement avant, le complément d'objet après le verbe. Le moyen français est une langue analytique où les prépositions[2] indiquent le cas et les articles définis[3] et indéfinis (inexistants en latin) le genre et le nombre des noms.[4]

Au XVe siècle se généralise l'emploi des pronoms sujets, devenus nécessaires pour distinguer les différentes formes du verbe, car les consonnes et voyelles finales ne sont plus prononcées.

En 1539, le français devient la langue de l'administration et des tribunaux. *L'ordonnance de Villers-Cotterêts* (signée par François Ier) exige que tous les documents officiels soient écrits en français et non pas en latin. Dix ans plus tard, du Bellay[5] écrit *Défense et Illustration de la langue française* qui invite les auteurs à rédiger leurs œuvres en français et soutient l'emploi du français comme langue nationale dans tous les domaines. Mais en ce qui concerne la langue parlée, il y a toujours en France une grande diversité linguistique. La plupart des Français ne parlent pas la langue nationale mais leur dialecte régional. Et le latin reste la langue de l'enseignement,[6] de la philosophie et de l'Église.

---

1. Il existe en français moderne quelques traces de l'ancienne déclinaison dans les formes de certains pronoms [*le, la, les* (objet direct) et *lui, leur* (objet indirect)].
2. Les prépositions existaient déjà en latin, mais ne servaient pas à indiquer le cas.
3. Le moyen français crée aussi l'article partitif.
4. En latin, les terminaisons n'indiquaient non seulement le cas, mais aussi le genre (masculin, feminin, neutre) et le nombre (singulier ou pluriel) d'un nom ou d'un adjectif.
   En ancien français, les adjectifs prenaient un *e* à la forme féminine mais certains [dont *grant* (grand)] n'avaient qu'une forme pour les deux genres. Aujourd'hui, cet adjectif a deux formes au singulier (*grand, grande*). Il reste cependant quelques traces de l'usage ancien en français moderne dans les mots *grand*-mère, *grand-route*, etc.
5. Joachim du Bellay et Pierre de Ronsard faisaient partie d'un groupe de poètes de la Renaissance qui s'étaient donné le nom de *La Pléiade*.
6. Seul le Collège royal (aujourd'hui appelé Collège de France), fondé par François Ier au XVIe siècle, donnait l'enseignement en français, car cet établissement échappait à la tutelle de l'Église.

Cependant, Montaigne, qui à l'âge de six ans ne parlait que le latin, écrit ses *Essais* en français.

Le français littéraire de la Renaissance se caractérise par une grande liberté. Les auteurs du XVIe siècle, Rabelais (l'auteur de *Gargantua* et de *Pantagruel*) surtout, se permettent d'introduire dans leurs ouvrages de nombreux néologismes (mots nouveaux), des régionalismes, des termes spéciaux et des mots d'autres langues. Un grand nombre de mots italiens introduits au XVIe siècle ont subsisté : *façade, vedette, banque, ballet, masque, carnaval, concert, balcon*, etc.

Dès le XIe siècle et encore à la Renaissance, le vocabulaire du français s'est enrichi grâce aux emprunts au latin classique de mots qui existaient déjà dans la langue, mais dont les formes avaient changé au cours des siècles. Ce processus a créé ce qu'on appelle les doublets, c'est-à-dire des paires de mots ayant la même origine étymologique[7] mais une forme et une signification différentes, car le mot populaire a évolué avec le temps, alors que le mot savant a été emprunté directement au latin beaucoup plus tard. Les mots *hôtel* et *hôpital*, par exemple, sont des doublets. Tous les deux termes proviennent du même mot latin (*hospitalis*) dont la forme populaire est devenue *hôtel*, tandis que l'emprunt a donné le mot savant *hôpital*. Voici d'autres exemples de doublets :

mot latin	*mot populaire*	*mot savant*
angelus	*ange*	*angélus*[8]
augustus	*août*	*auguste*
auscultare	*écouter*	*ausculter*
captivus	*chétif*	*captif*
causa	*chose*	*cause*
fragilis	*frêle*	*fragile*
legalis	*loyal*	*légal*
masticare	*mâcher*	*mastiquer*
natalis	*Noël*	*natal*
nativus	*naïf*	*natif*
potio	*poison*	*potion*
redemptio	*rançon*	*rédemption*
sacramentum	*serment*	*sacrement*
securitas	*sûreté*	*sécurité*

---

7. L'*étymologie* est la science consacrée à l'origine des mots.
8. On appelle *angélus* la prière de l'Église catholique qui se dit le matin, à midi et le soir.

Le moyen français

Contrôle des connaissances

A. Répondez aux questions suivantes.

1. Quel poète encourage les auteurs du XVIe siècle à rédiger leurs œuvres en français ?
2. Comment s'appelle son ouvrage ?
3. Qu'est-ce que la Pléiade ?
4. Comment appelle-t-on le XVIe siècle ?
5. Quelle est l'importance linguistique de l'Ordonnance de Villers-Cotterêts ?
6. Citez deux écrivains français de la Renaissance.
7. Qu'est-ce qui caractérise la langue française dans les œuvres littéraires du XVIe siècle ?
8. Citez cinq mots français d'origine italienne.
9. Qu'est-ce qu'une langue analytique ?
10. Expliquez le terme *doublets* et donnez trois exemples.
11. Que veut dire *néologisme* ?
12. Le français moderne est-il une langue synthétique ou analytique ?
13. Au XVIe siècle, tous les Français parlent-ils la langue nationale ou leurs dialectes régionaux ?

Chapitre 6

Le français moderne (à partir du XVIIe siècle)

Le XVIIe siècle

Le XVIIe siècle est le siècle classique, celui des grands écrivains Molière,[1] Racine et Corneille. Le français moderne commence à cette époque. Si la langue littéraire du XVIe siècle se caractérise par une très grande liberté, un vocabulaire abondant et une créativité incontrôlée, celle du XVIIe se définit par une stricte discipline, une sobriété, une grande clarté et une volonté de se plier aux règles et aux exigences de la raison. La langue se débarrasse alors de tout ce qui est superflu et devient plus pure, précise et élégante. Le siècle classique est aussi le siècle de Malherbe, de Vaugelas et de la création de l'Académie française. Malherbe et Vaugelas étaient des grammairiens qui ont strictement réglementé la langue française. Par souci de pureté, archaïsmes, néologismes, termes techniques, régionalismes et emprunts à d'autres langues sont désormais interdits.

En 1635, Richelieu[2] fonda l'Académie française dont les 40 membres (appelés depuis le XIXe siècle *les 40 Immortels*) avaient pour mission de veiller sur la langue française, de la maintenir pure et de lui donner des règles. Pour atteindre cet objectif, ils devaient écrire un dictionnaire et une grammaire, censés fournir une norme à la langue. L'unique grammaire de l'Académie française ne fut publiée qu'en 1935, au bout de presque trois siècles, et fut très contestée. C'est le Dictionnaire de l'Académie française qui a traversé le temps. En tout, l'Académie en a écrit huit éditions achevées (la première en 1694, la huitième en 1935).[3] La neuvième édition est en cours de publication. Le premier tome a été

---

[1]. En France, on appelle souvent le français « la langue de Molière », et l'anglais « la langue de Shakespeare ».
[2]. Le cardinal de Richelieu était un ecclésiastique et homme d'État français. C'était le principal ministre du roi Louis XIII.
[3]. Voilà les dates des huit éditions du Dictionnaire de l'Académie : 1694, 1718, 1740, 1762, 1798, 1835, 1878, 1935.

publié en 1992, le deuxième en 2000 et le troisième est prévu pour 2017. C'est un travail lent car les membres (portant le fameux habit vert et une épée lors des séances publiques) ne se réunissent qu'une fois par semaine (le jeudi) sous la Coupole de l'Institut de France, situé à Paris sur la rive gauche de la Seine.

L'Académie française est une institution puriste et traditionnaliste. La première femme élue à l'Académie française, la romancière Marguerite Yourcenar, ne le fut qu'en 1980. Depuis y ont été accueillies Jacqueline de Romilly en 1988, Hélène Carrère d'Encausse en 1990, Florence Delay en 2000, Assia Djebar en 2005, Simone Veil en 2008 et Danièle Sallenave en 2011. En 1997, l'Académie s'est opposée à la féminisation des titres et de diverses professions. Madame Carrère d'Encausse, actuellement secrétaire perpétuelle de l'Académie, refuse d'être appelée Madame *la* secrétaire. Il faut s'adresser à elle par Madame *le* secrétaire.

En 1637 parut le *Discours de la Méthode* de Descartes avec la célèbre formule « je pense, donc je suis ». C'était le premier traité philosophique à avoir été écrit en français et non pas en latin.

Au XVIIe siècle, les dialectes régionaux étaient encore parlés dans beaucoup d'endroits, c'est-à-dire que l'usage de la langue française n'était toujours pas universel en France. Le dramaturge Racine raconte que, au cours d'un voyage dans le Midi, dès Lyon, il avait commencé à ne plus comprendre le langage du pays et à ne plus être intelligible. Si la langue française progresse dans les villes, la plupart des gens de la campagne continuent à parler leur dialecte.

Le XVIIIe siècle

Le XVIIIe siècle est le siècle des Lumières, des grands philosophes, de Montesquieu (dont l'ouvrage *De l'Esprit des Lois*, qui traite de la séparation des pouvoirs, a inspiré la constitution américaine), de Voltaire, de Rousseau et de *l'Encyclopédie* (1751), un dictionnaire universel destiné à contenir tout le savoir de l'époque et réunir des articles de tous les grands hommes du siècle.

En 1782, Rivarol déclare dans son célèbre *Discours sur l'universalité de la langue française* : « ce qui n'est pas clair, n'est pas français » pour expliquer pourquoi la langue française était devenue une langue universelle. Et il est vrai qu'à partir du XVIIIe siècle, tous les nobles d'Europe voulaient imiter l'art de vivre des Français et parler leur langue. Le français devient donc la langue de l'aristocratie européenne jusqu'au

XIXe siècle et, remplaçant le latin, la seule langue de la diplomatie[4] jusqu'en 1919. Catherine II, impératrice de Russie (1729-1796) et Frédéric II, roi de Prusse (1712-1786) étaient des francophiles passionnés qui parlaient et écrivaient en français. Tous les deux correspondaient avec Voltaire. Catherine faisait venir des intellectuels, des artistes et des scientifiques français à sa cour, et le lien entre la Russie et la France demeura intact jusqu'à la Révolution russe de 1917. Frédéric II fit construire à Potsdam son château de Sans-Souci, en copiant Versailles, et il invitait des francophones à sa cour. Un jour, ce grand ami de Voltaire lui envoya l'invitation énigmatique suivante :

$$\frac{p}{venez} \text{ à } \frac{6}{100}$$

Et Voltaire lui répondit en écrivant simplement : G a.

Voici comment il faut déchiffrer ces messages :

L'invitation de Frédéric II :
« Venez sous p à cent sous six. » = « Venez souper à Sans-Souci. »

La réponse de Voltaire :
« G grand, a petit. » = « J'ai grand appétit. »

De nombreux aristocrates faisaient donc enseigner le français à leurs enfants et ne parlaient que français chez eux. Et beaucoup de familles de la bourgeoisie envoyaient leurs enfants dans des collèges et lycées français (dirigés par des huguenots qui avaient quitté la France après la révocation de l'Édit de Nantes en 1685 par Louis XIV).[5]

---

4. Le français devient la langue de communication entre les diplomates, et tous les grands traités sont désormais rédigés en français, alors qu'ils l'étaient jusque-là en latin.
5. L'Édit de Nantes avait été promulgué en 1598 par le roi Henri IV pour mettre fin aux guerres de religion entre catholiques et protestants. Cet édit de tolérance permit aux huguenots, comme on appelle les protestants français du XVIe au XVIIIe siècle, de pratiquer librement leur religion. Rappelons que le protestantisme est né au XVIe siècle avec Martin Luther, Jean Calvin et d'autres lors d'un mouvement appelé la Réforme. Protestant lui-même, Henri de Navarre avait dû se convertir au catholicisme afin de pouvoir devenir roi de France. C'est à ce propos qu'il aurait dit : « Paris vaut bien une messe ». La révocation de l'Édit de Nantes par Louis XIV avait provoqué l'émigration de plus de 200 000 huguenots qui, pour éviter d'être persécutés, se sont installés en Suisse, en Angleterre, en Allemagne, en Autriche, aux Pays-Bas et dans d'autres pays européens.

À la Révolution française, le pays est toujours multilingue. On y utilisait encore au moins trente dialectes pour la communication quotidienne. Et les deux tiers des habitants de la France ne pouvaient s'exprimer en français ni comprendre cette langue. Les révolutionnaires s'efforçaient sans relâche de combattre les parlers locaux (désormais appelés péjorativement « patois ») pour des raisons politiques. Ils voyaient dans les patois un obstacle à la propagande révolutionnaire et voulaient que la France ait une langue nationale unique. Il fallait donc supprimer les dialectes car, selon le Comité de salut public, « dans une République une et indivisible, la langue doit être une ». La tentative de la Révolution de créer dans toute la France des écoles primaires gratuites où l'enseignement se ferait en français échoua, car il n'y avait pas assez d'enseignants sachant le français et capables de l'enseigner. Pour remédier à cette situation fut créée à Paris (en 1794) l'École Normale Supérieure qui formait les maîtres et les professeurs de l'enseignement secondaire et où l'enseignement était donné en français. Cette « grande école »[6] existe encore aujourd'hui. Pendant ce temps, l'Université reste fidèle au latin. Mais à partir de l'année 1789, le nombre de personnes sachant parler français augmente progressivement.

La grammaire et l'orthographe de la langue française du XVIIIe siècle diffèrent très peu de celles que nous connaissons aujourd'hui, ce qui rend facile la lecture des textes de cette époque. Le vocabulaire s'enrichit, car il faut nommer les nouveaux concepts, les nouvelles techniques et les nouveaux objets de ce siècle. La Révolution crée quelques mots nouveaux comme, par exemple, *vandalisme* et *terrorisme*. On appelait *Jacobins*[7] les partisans d'un État centralisé et *Girondins*[7] les fédéralistes. Et

---

6. On appelle « grandes écoles » les écoles françaises supérieures (telles que l'École Normale Supérieure, l'École Polytechnique, l'École Nationale d'Administration, etc.) qui forment l'élite de la nation. Tandis que tous les étudiants qui réussissent au baccalauréat peuvent entrer à l'université, l'accès aux grandes écoles est plus difficile, car elles sont très sélectives. Pour y être admis, il ne faut pas seulement réussir à un examen d'entrée (un *concours*), mais se situer parmi les meilleurs candidats, car le nombre de places disponibles est limité. Les diplômés des grandes écoles ont accès à des postes prestigieux dans l'enseignement, la recherche, l'entreprise et la haute fonction publique. Deux présidents de la République française (Valéry Giscard d'Estaing et Jacques Chirac) et de nombreux hommes politiques français (Villepin, Hollande, Juppé, Jospin, etc.) sont « énarques », c'est-à-dire anciens élèves de l'École Nationale d'Administration (fondée par de Gaulle en 1945) dont le sigle est l'ENA.

7. Le nom *Jacobin* vient d'un ancien couvent de moines jacobins à Paris, où s'était établie la société. Le terme *Girondin* vient du département de la Gironde (la région de Bordeaux) d'où étaient originaires quelques-uns des députés du parti girondin.

l'on nommait *sans-culottes* les révolutionnaires issus du peuple, car ils portaient un pantalon et non pas la culotte des nobles, vêtement masculin serré aux genoux. En 1789, la machine mise au point par le docteur Guillotin, médecin de Louis XVI, pour rendre la peine capitale plus humaine et plus rapide, est nommée *guillotine*.[8] Sous l'Ancien Régime,[9] les condamnés à mort étaient décapités à la hache (mais seuls les aristocrates avaient droit à ce mode d'exécution), roués[10] ou écartelés.[11] Les hérétiques étaient brûlés et les voleurs pendus. Tous les condamnés agonisaient longtemps avant de mourir. Contrairement à ce que l'on croit, Guillotin n'a pas inventé la guillotine qui existait déjà avant la Révolution. Mais ce n'était pas encore une machine très fiable.

Le changement le plus important de cette période fut l'unification des poids et mesures. Auparavant, chaque région avait son propre système. Le poids d'une livre, par exemple, n'était pas le même d'une région à une autre. La Révolution introduit donc le système métrique et les nouveaux termes *mètre, kilomètre, litre, gramme, kilogramme* (empruntés au grec et au latin), etc. Aujourd'hui, tous les pays du monde utilisent ce système, sauf les États-Unis, le Libéria et la Birmanie.

En 1795, la monnaie (qui était la livre sous l'Ancien Régime) devient le franc qui se divisait en 100 centimes. Le franc reste l'unité monétaire de la France jusqu'en 2002, année où il est remplacé par l'euro.

Les termes *gauche* et *droite* en politique (signifiant respectivement une tendance réformatrice et une tendance conservatrice) datent eux aussi de l'époque de la Révolution. Ils trouvent leur origine dans l'habitude prise par les réformateurs (qui voulaient une république) de s'installer à gauche, et par les conservateurs (qui voulaient une monarchie constitutionnelle) de s'asseoir à droite du président de l'Assemblée nationale constituante. La notion politique de gauche et de droite s'est ensuite répandue dans la plupart des pays démocratiques en Europe et dans le monde entier au cours des XIXe et XXe siècles.

---

8. En France, on a utilisé la guillotine pour exécuter les condamnés à mort jusqu'en 1981, année où la peine capitale a été abolie.
9. L'expression *Ancien Régime* date de 1789 et désigne la période antérieure à la Révolution française, c'est-à-dire la monarchie absolue de droit divin et la division de la société en trois ordres : Clergé, Noblesse et Tiers-État.
10. *Rouer* voulait dire qu'on attachait le condamné sur une roue horizontale, puis le bourreau lui brisait les membres avec une barre de fer.
11. *Écarteler* signifiait qu'on déshabillait le condamné et liait ses jambes et ses bras à quatre chevaux qui, en partant au galop, les séparaient de son corps. L'écartèlement était réservé aux traîtres et aux régicides, c'est-à-dire aux personnes qui avaient assassiné un roi (par exemple, Ravaillac, le meurtrier du roi Henri IV).

La Révolution a aussi créé des mots qui n'ont pas duré longtemps comme, par exemple, les nouveaux noms des mois. Les mois de l'automne s'appelaient *Vendémiaire*, *Brumaire* et *Frimaire*, ceux de l'hiver *Nivôse*, *Pluviôse* et *Ventôse*, ceux du printemps *Germinal* (titre d'un roman de Zola), *Floréal* et *Prairial* et ceux de l'été *Messidor*, *Thermidor* et *Fructidor*. Les appellations *Monsieur* et **Madame** furent remplacées par *citoyen* et *citoyenne* et le tutoiement[12] fut généralisé pour marquer l'égalité de tous. Mais ni le titre citoyen / citoyenne ni la règle du tutoiement ne persistèrent, et le calendrier révolutionnaire fut aboli par Napoléon Ier en 1806.

En 1792, Rouget de Lisle compose à Strasbourg le *Chant de guerre pour l'armée du Rhin*, destiné à encourager les soldats alsaciens à combattre l'ennemi. En 1795, cette chanson devient l'hymne national de la République française, *la Marseillaise*, ainsi nommée car elle avait été chantée par des soldats de Marseille marchant vers Paris.

Vers la fin du XVIIIe siècle, des mots anglais, tels que *grog, jockey, punch, whisky, club, vote, jury, verdict, muffin* [mœfin], *rosbif, cake*,[13] *ticket*,[14] *pickpocket* et *budget*,[15] italiens *(piano, aquarelle, cantatrice)* et alsaciens [*choucroute, kirsch* (eau-de-vie de cerises) et *quetsche* (eau-de-vie à base de prunes)] sont accueillis par la langue française.

Au cours de la même période, Parmentier fait la promotion d'un légume appelé *pomme de terre*, importé d'Amérique du Sud par les Espagnols au XVIe siècle. Grâce à Parmentier, les Français qui n'avaient utilisé ce légume que pour nourrir les animaux commencèrent à l'apprécier comme aliment humain.

---

12. On utilise le tutoiement quand on s'adresse à quelqu'un familièrement avec « tu », c'est-à-dire quand on le tutoie. En France, on tutoie les enfants, les membres de sa famille et ses amis, c'est-à-dire les personnes que l'on connaît très bien. Aujourd'hui, les adolescents (les étudiants surtout) se tutoient aussi entre eux, même s'ils ne se connaissent pas. Quand l'on s'adresse à quelqu'un en utilisant « vous », on le vouvoie, c'est-à-dire qu'on utilise le vouvoiement. En France, on vouvoie ceux que l'on ne connaît pas, surtout les personnes âgées.
13. En France, un *cake* est un gâteau garni de raisins secs et de fruits confits.
14. L'origine du mot anglais *ticket* est le mot *estiquet* de l'ancien français. Aujourd'hui, il y a deux mots en français pour exprimer l'anglais 'ticket'. *Ticket* et *billet*. On dit *un ticket de métro, un ticket de bus, un ticket de caisse*. Mais il faut dire *un billet d'avion, un billet de train* et *un billet* pour le théâtre ou le cinéma. Un *billet de banque*, c'est de l'argent. Par exemple : un *billet* de vingt dollars. Et un *billet doux* est une lettre d'amour.
15. Ce mot, qui vient de l'ancien français *bougette* (*petit sac*), est parti en Angleterre et revenu ensuite en France au XVIIIe siècle.

Le mot *silhouette* date, lui aussi, du XVIIIe siècle. Étienne de Silhouette était ministre des finances à la cour de Louis XV (1710-1774) et un personnage très impopulaire. Pour ridiculiser son nom, on appliquait des esquisses (traits tracés autour de l'ombre) de lui sur les vitres et on appela ensuite *silhouette* ce style de dessin.

Le XIXe siècle

Au XIXe siècle, le français continue d'être la langue internationale dominante, la langue diplomatique et la langue de l'élite européenne. En France, la langue française progresse, mais pendant la première moitié du siècle, la plupart des Français, notamment dans le monde rural, ne la parlent toujours pas. Plus tard, beaucoup de gens seront bilingues. Ils parlent français, sans cependant abandonner leur dialecte. C'est seulement à partir de l'année 1882, après l'instauration de l'école obligatoire, que l'ensemble de la population va commencer à parler la même langue.

Au cours de ce siècle, le français continue à importer des mots anglais. De nombreux termes sportifs, tels que *boxe, football, base-ball, basket-ball, golf, rugby, hockey* ainsi que *sandwich, bun* [bœn], *bifteck, cocktail, bacon, flirt, trafic, snob, leader, leadership, surprise-party, shake-hand, interview* et beaucoup d'autres deviennent français.

Le français emprunte aussi à l'anglais des termes dont l'origine est française, à savoir des mots partis en Angleterre avec Guillaume le Conquérant et puis revenus en France (souvent sous une autre forme ou avec un sens différent), tels que *nurse* (de *nourrice*), désignant une domestique qui s'occupe uniquement des enfants, *challenge* (de l'ancien français *chalenge*, débat), *confort* (de l'ancien français *confort*, aide), *tunnel* (de *tonnelle*, tuyau), *sport* (de l'ancien français *desport*, amusement), et *tennis*.[16] En plus, des anglicismes qui n'existent même pas outre-Manche apparaissent dans la langue française, tels que *barman* (serveur de bar) et *smoking* (costume de cérémonie d'homme).

Au milieu du XIXe siècle, le poète Frédéric Mistral, qui écrivait en provençal (langue occitane), crée avec d'autres écrivains du Midi le mouvement littéraire du *Félibrige* pour sauvegarder la langue et la culture d'oc et rétablir le prestige de la littérature des troubadours. Mistral re-

---

16. Le mot *tennis* provient de l'ancien français *tenetz* (« tenez »), l'exclamation du joueur lançant la balle dans l'ancien jeu de paume, ancêtre du tennis, qui se jouait avec la paume de la main. Ce jeu a traversé la Manche, et ce sont les Anglais qui ont commencé à y jouer avec des raquettes.

çoit le prix Nobel de littérature en 1904. Aujourd'hui, on continue à parler occitan dans le Midi de la France.

En 1835 paraît la sixième édition du Dictionnaire de l'Académie qui substitue la graphie *ai* à *oi* dans les mots terminés jusqu'alors en *-ois* (qui était prononcé depuis longtemps [ɛ]), tels que *j'étais*, *français*, etc. Le XIXe siècle produit d'autres ouvrages qui servent à enseigner la langue française, comme la grammaire de *Bescherelle* (1834), le dictionnaire de *Larousse* (1865) et celui de *Littré* (1872).

En 1882, Jules Ferry[17] instaura l'école obligatoire, laïque[18] et gratuite, où l'enseignement se faisait en français. Ce fut le commencement du véritable déclin des langues régionales, car il était rigoureusement interdit de parler patois[19] à l'école, même pendant la récréation, sous peine d'être puni.

L'Alliance Française est fondée en 1883, à Paris. Cette organisation enseigne la langue et la culture françaises dans le monde entier. Il y a aujourd'hui plus de 1 000 Alliances dans 130 pays.

Le XIXe siècle doit créer des néologismes pour les nouvelles inventions et découvertes de l'époque, et plusieurs d'entre elles vont porter le nom de leur inventeur ou un nom géographique. De même que les mots *bougie* (qui apparaît dans la langue française au XIVe siècle et dont le nom vient de la ville de Bougie en Algérie),[20] *baïonnette* (nommée au XVIe

---

17. Jules Ferry, aussi appelé « père de l'école » en France, était ministre de l'Instruction publique. Grâce à lui, le français s'est propagé dans toute la France.
18. Avant, l'Église avait le monopole de l'enseignement. Désormais, l'école sera laïque.
19. C'était le terme, employé péjorativement dans ce cas, par lequel on désignait les langues régionales.
20. Au Moyen Âge, cette ville fournissait la cire pour la fabrication des bougies.
    Aujourd'hui, il existe trois mots en français pour ce type d'éclairage :
    a. la *chandelle* qui était en suif (une graisse animale) et fut remplacée par la bougie en cire. Ce vieux mot est conservé dans quelques expressions, telles que « dîner aux chandelles », « brûler la chandelle par les deux bouts », « en voir 36 chandelles », « le jeu (n') en vaut (pas) la chandelle », etc.
    Il y a en France une fête religieuse (dont le nom vient du mot *chandelle*) qui se déroule le deux février. C'est *la Chandeleur*. À la Chandeleur, la tradition veut que l'on mange des crêpes. Avec une pièce de monnaie dans la main, on fait sauter la crêpe en faisant un vœu. Si la crêpe retombe dans la poêle, le vœu se réalise.
    b. la *bougie* (à l'origine appelée « chandelle de Bougie ») est le terme général utilisé pour un éclairage en cire. On souffle les *bougies* d'un gâteau d'anniversaire, on peut mettre des *bougies* sur un arbre de Noël, et on utilise des *bougies* pour un dîner aux chandelles.
    c. le *cierge* s'emploie quand on parle de la bougie qu'on allume à l'église et pour les cérémonies religieuses.

siècle d'après la ville de Bayonne où cette arme a d'abord été fabriquée), *mansarde* (d'après l'architecte du XVIIe siècle, Mansart), et *guillotine* (qui, comme nous l'avons vu, date du XVIIIe siècle), les termes *poubelle, braille, pasteurisation, bottin, grève* et *bauxite,* qui naissent au XIXe siècle, ont eux aussi pour origine des noms propres. Eugène Poubelle était préfet de la Seine et a obligé les Parisiens à mettre leurs ordures[21] dans un récipient muni d'un couvercle, Louis Braille a inventé l'écriture pour les aveugles, Louis Pasteur est le créateur du processus de la pasteurisation, Sébastien Bottin a créé l'annuaire téléphonique, et la place de Grève (aujourd'hui place de l'Hôtel de Ville) à Paris était l'endroit où se réunissaient les premiers 'grévistes'. Cette place est située sur les berges de la Seine, d'où son ancien nom (*grève* veut aussi dire *berge*). Le terme *bauxite* (minerai servant à la fabrication de l'aluminium) tient son nom d'un village provençal, les Baux-de-Provence, où en fut découvert le premier gisement.

Et n'oublions pas les fromages et les boissons qui tiennent leur nom de la ville ou de la région où ils sont fabriqués. *Le cognac*[22] est une eau-de-vie de vin distillée à Cognac, une ville proche de Bordeaux, la *chartreuse* une liqueur aux herbes et aux plantes fabriquée par les moines du monastère de la Grande Chartreuse dans les Alpes, non loin de Grenoble. Le *calvados*, une eau-de-vie à base de pommes, porte le nom d'un département de Normandie,[23] le *champagne* (XVIIe siècle), un vin mousseux, tient son nom de la province de la Champagne et le *kir*[24] (XXe siècle), un apéritif, doit le sien au chanoine Kir, maire de Dijon qui, dit-on, l'a inventé. Le *camembert* est nommé d'après un village, le *pont l'évêque* (XVIIe siècle) d'après une ville de Normandie, le *roquefort* (XVIIe siècle) d'après une communauté d'Aquitaine et le *brie* (XVIIe siècle) d'après une région du nord de la France. Le *livarot* porte le nom d'une commune du département du Calvados.

---

21. Avant 1884, les Parisiens jetaient leurs déchets dans la rue ou dans les fossés.
22. Si le siècle n'est pas indiqué, le mot date du XIXe siècle.
23. L'expression « faire le trou normand » veut dire faire de la place (un « trou ») dans l'estomac en buvant un verre de calvados (en langage familier : un verre de *calva*) entre deux plats d'un long repas afin de pouvoir manger davantage. En général, les digestifs (ou *eaux-de-vie*) se prennent à la fin d'un repas.
24. Le *kir* est composé d'un cinquième de crème de cassis et de quatre cinquièmes de vin blanc sec. Pour faire un *kir royal*, on remplace le vin blanc par du champagne.

Contrôle des connaissances

A. Répondez aux questions suivantes.

1. En quelle année et par qui l'Académie française a-t-elle été fondée ?
2. Quelle est la mission de l'Académie française ?
3. Combien d'éditions de son dictionnaire l'Académie a-t-elle rédigées ?
4. Combien de femmes ont été élues à l'Académie française ?
5. Comment appelle-t-on le XVIIIe siècle ?
6. Citez trois auteurs français de ce siècle.
7. Qui a dit : « ce qui n'est pas clair n'est pas français » ?
8. Qu'est-ce qu'un *patois* aux XVIIIe et XIXe siècles ?
9. Qui étaient les *sans-culottes* et pourquoi portaient-ils ce nom ?
10. Qu'appelle-t-on une *grande école* ?
11. Citez dix mots introduits au français à l'époque de la Révolution.
12. Qu'est-ce que *l'Ancien Régime* ?
13. Expliquez le terme « tutoiement ».
14. Comment s'appelle l'hymne national français et pourquoi ?
15. Qui est le compositeur de la Marseillaise ?
16. Quelle est l'origine du mot *tennis* ?
17. Quels anglicismes du XIXe siècle n'existent pas en Angleterre ?
18. Expliquez les termes *troubadour* et *trouvère*.
19. Qu'est-ce que *Jules Ferry* a créé et quelles en furent les conséquences ?
20. Expliquez l'origine des mots suivants :
    poubelle, braille, pasteurisation, guillotine, grève
21. Quelles boissons alcoolisées et quels fromages français portent un nom géographique ?
22. Que veut dire « faire le trou normand » ?
23. Qui a révoqué l'Édit de Nantes en 1685 ?

B. Associez les éléments des deux colonnes.

1. le roquefort
2. germinal, floréal, prairial
3. Parmentier
4. le kir
5. Jules Ferry
6. la Chandeleur
7. le Félibrige
8. Frédéric Mistral
9. Chant de guerre (pour l'Armée du Rhin)
10. le calvados

a. poète provençal
b. fête française
c. mouvement littéraire
d. eau-de-vie à base de pommes
e. fromage français
f. « Père » de l'école française
g. est devenu l'hymne national sous le nom de la Marseillaise
h. noms « révolutionnaires » des mois de printemps
i. apéritif
j. promoteur de la pomme de terre en France

C. Vrai ou faux? Si c'est faux, rectifiez.

1. On appelle les 40 membres de l'Académie française les 40 Immortels.
2. En 1980, la romancière Marguerite Yourcenar est la première femme élue à l'Académie française.
3. Au XVIIIe siècle, le français devient la langue de l'aristocratie européenne et la seule langue de la diplomatie.
4. L'Édit de Nantes a été révoqué au XVIIIe siècle.
5. On appelle *Huguenots* les protestants français du XVIe au XVIIIe siècle.
6. La Révolution française introduit le système métrique.
7. *Germinal* est le titre d'un roman de Balzac.
8. La Marseillaise a été composée à Marseille.
9. Le mot *bougie* vient du nom d'une ville d'Algérie.
10. Le *calvados* est le nom d'un cidre.

Chapitre 7

Le français contemporain

Au XXe siècle, les médias renforcent la progression du français dans toutes les régions, et quand ce siècle se termine, le français est la langue de tous les Français.

L'enseignement primaire obligatoire ainsi que l'influence de la radio et de la télévision ont contribué à la disparition presque totale des parlers locaux. Mais comme nous l'a montré le film *Bienvenue chez les Ch'tis* (2008), les patois ne sont pas tous morts. Les Ch'tis sont les habitants de la région Nord-Pas-de-Calais, et le ch'ti est le patois[1] (une variante du picard dont il existe encore des restes dans le Nord) qu'ils parlent.

Le français moderne continue à créer de nouveaux mots, surtout dans le domaine de l'informatique, tels que *SMS* ou *texto* (message sur un téléphone portable), *bogue* (erreur dans un programme informatique), *logiciel* (pour *software*), *télécharger* (charger un fichier informatique), *cliquer sur* (sélectionner une option sur l'écran de l'ordinateur en appuyant sur la souris), etc. Les Québécois ont créé le terme *courriel* (pour *e-mail*) que l'Académie française a accepté en 2004.

La langue française moderne continue à emprunter des mots à l'anglais et à l'américain, tels que *tee-shirt*, *sweat-shirt*, *sweater*, *short*, *pull(-over)*, *(blue-)jean*,[2] *cardigan*, *week-end*, *shopping*, *marketing*, *baby-sitting*, *parking*, *live* (en direct), *pick-up* (camionnette), *camping*, *surf*,

---

1. Aujourd'hui, le terme *patois* n'a plus forcément de connotation péjorative. On nomme *patois* la variante d'une langue parlée dans une zone très limitée.
2. L'origine du mot *jean(s)*, prononcé [dʒin(s)] en français, est intéressante.
   Dès le XVIe siècle, un tissu de coton très solide nommé *toile de Nîmes* (car il était fabriqué dans cette ville) sert à faire des pantalons de marins. Au XIXe siècle, Oscar Levi-Strauss, un marchand de tissu allemand, émigre aux États-Unis où il vend sa toile de Nîmes aux chercheurs d'or de Californie qui ont besoin de vêtements solides. Ses pantalons ont un grand succès et sa marque Levi's est créée. C'est l'origine du terme anglais 'levis'. Le mot 'denim' vient de « toile *de Nîmes* », et l'expression *blue-jean* est une déformation de 'bleu de Gênes', le nom de la teinture qu'on utilisait pour colorer ce tissu. Notez aussi que, contrairement à l'anglais, le mot (blue-)jean(s) est utilisé au singulier. On dit *un blue-jean(s)* ou *un jean(s)*.

bowling [buliŋ], *volley-ball, snowboard, skate-board, powerpoint, fan* (supporter), *suspense*³ [syspɛns], *big-bang, slash, piercing, groggy, chips, chewing-gum, fast-food, hamburger, cracker, hotdog, milkshake, cookie, brownie, bagel, smoothie, pop-corn, poster, western, sponsor, stress, jazz, bestseller, thriller, escalator, blog,*⁴ *gangster, hold-up, talkie-walkie* [tokiwoki], *star, brunch, science-fiction, podcast, talk-show, walkman, mobile home, jogging* (course à pied et survêtement*), (e-)mail* [mɛl], *puzzle, post-it* (petite feuille de papier adhésif*), ranch* [ʀãtʃ], *talk-show* [tɔkʃo], *barbecue* [baʀbəkju], *cool* (dans *c'est cool, c'est supercool)*, etc.

L'anglais est si populaire après la Seconde Guerre mondiale qu'on crée même de faux anglicismes, c'est-à-dire qu'on invente des mots anglais qui n'existent pas ou ont un autre sens en Grande-Bretagne et aux États-Unis, tels que *pressing* (endroit où l'on fait nettoyer ses vêtements), *caravaning* (voyage et séjour en caravane), *living* (salon), *casting* (la sélection des acteurs d'un spectacle), *footing* (jogging), *dressing* (petite pièce adjacente à une chambre à coucher où l'on suspend des vêtements), *brushing* (mise en plis où l'on utilise un séchoir et une brosse ronde), *lifting* (opération de chirurgie esthétique où l'on se fait tirer la peau du visage pour se débarrasser de ses rides), *zapping* (action de *zapper*, qui veut dire passer d'une chaîne de télévision à une autre, puis encore à une autre, en utilisant la télécommande), *coca light* (du coca sans sucre), *pom-pom girl* (une des jeunes filles qui, pendant un match de basketball ou de football américain, stimulent l'enthousiasme des supporters en dansant et en agitant des pompons), *camping-car* (un véhicule aménagé pour le camping), *speakerine* (présentatrice à la télévision), *caddie* (chariot pour transporter les achats dans un supermarché ou les bagages dans un aéroport), *top* (formidable), *break* (voiture en forme de fourgonnette), etc.

En 1964, René Étiemble dénonce l'emploi de ces anglicismes avec son livre « *Parlez-vous franglais ?* »,⁵ dans lequel il met en garde ses compatriotes contre le danger que représente l'infiltration massive de mots anglais dans leur langue. Trente ans plus tard, le gouvernement français a promulgué une loi (dite *Toubon*⁶) censée protéger la langue française des emprunts à l'anglais. La *loi Toubon* vise à limiter l'emploi des anglicismes

---

3. Cet anglicisme vient du mot français *suspens*.
4. S'écrit aussi : blogue
5. Le terme *franglais* a été inventé par Maurice Rat, écrivain et grammairien, et utilisé pour la première fois en 1959 dans un article intitulé « Français ou franglais ? ».
6. Jacques Toubon était ministre de la Culture à cette époque. En 1994, il chargea la *Commission générale de terminologie et de néologie* de trouver des substituts aux termes anglais.

dans le français officiel en exigeant, dans le domaine public,[7] l'utilisation d'un terme français au lieu d'un mot anglais (si un équivalent existe) et la création de mots français pour désigner les nouveaux objets. Désormais, *baladeur* doit remplacer *walkman*, *logiciel* se substituer à *software*, *matériel* à *hardware*, *coussin de sécurité* à *airbag*, *escalier mécanique* à *escalator* et *parraineur* à *sponsor*. Il faut utiliser *mercatique* au lieu de *marketing*, *voyagiste* au lieu de *tour-opérateur*, *animateur* au lieu de *disque-jockey*, *audition* au lieu de *casting*, *jeu décisif* au lieu de *tiebreak*, *stimulateur cardiaque* au lieu de *pacemaker*, *émission débat* au lieu de *talk-show*, *Toile* au lieu de *Web* et *courrier électronique* au lieu de *e-mail*.[8] Aujourd'hui, de plus en plus de Français emploient le terme canadien *courriel* (qui est construit à partir de *courrier* et *électronique*). Cependant, l'anglicisme *spam* s'utilise couramment en France, alors qu'il a été remplacé par *pourriel (poubelle + courriel)* au Québec.

Les changements de la langue parlée au XXe siècle

Alors que la langue écrite, c'est-à-dire la langue soutenue, a de strictes règles et est surveillée par l'Académie française depuis trois siècles, le français oral spontané d'aujourd'hui se caractérise de la façon suivante :

Le vocabulaire

Il y a beaucoup de mots argotiques et familiers dans le vocabulaire du français parlé contemporain, tels que *le fric, le pognon* ou *la thune* (l'argent), *le flic* ou *le keuf* (le policier), *la bagnole* ou *la caisse* (la voiture), *le mec* (l'homme), *la nana* ou *la gonzesse* (la femme), *le boulot* ou *le taf* (le travail), *le/la gosse* ou *le/la môme* (l'enfant), *le toubib* (le médecin), *le cinoche* (le cinéma), *le bouquin* (le livre), *la patate* (la pomme de terre), *la flotte* (l'eau), *le costard* (le costume d'homme), *les pompes* (les chaussures), *le pinard* (le vin rouge), *le truc, le machin* ou *le bidule* (la chose), *une colle* (une question difficile), *moche* (laid), *piquer* (voler), *dingue* ou *cinglé* (fou), *bosser* (travailler), *bouffer* (manger), *avoir la trouille* (avoir peur), *avoir la poisse* (ne pas avoir de chance), *avoir la flemme* (être paresseux), *avoir la pêche* (être en forme), *crever* (mourir), *tchatcher* (bavarder), *se tirer* (partir), *ça craint* (c'est terrible), *piger* ou *capter* (comprendre), *crevé* (épuisé), *vachement* (très, beaucoup), etc.

---
7. C'est-à-dire dans l'administration, dans l'enseignement, dans les médias, au travail, etc.
8. On trouve tous ces anglicismes encore dans les dictionnaires unilingues, mais le mot français proposé par la Commission est ajouté avec la remarque 'recommandé'.

Les abréviations sont également nombreuses : *la télé* (télévision), *accro* (accroché), *un ado* (adolescent), *la moto* (motocyclette), *le ciné* (cinéma), *la pub* (publicité), *le/la prof* (professeur), *le bac* (baccalauréat), *le dico* (dictionnaire), *le pti déj* (petit déjeuner), *la cata* (catastrophe), *un appart* [apart] (appartement), *un ordi* (ordinateur), *le resto-U* (restaurant universitaire), *la fac* (faculté, université), *l'exam* (examen), *l'amphi* (amphithéâtre), *la récré* (récréation), *un apéro* (apéritif), *le rencard* (rendez-vous), *le/la coloc* (colocataire), *les maths* (mathématiques), *le car* (autocar), *le micro* (microphone), *la manif* (manifestation), *le toxico* (toxicomane), *le mécano* (mécanicien), *la météo* (prévisions météorologiques), *cet aprèm* (cet après-midi), *la Sécu* (Sécurité sociale), *le polar* (roman, film policier), *mon ex* (mon ex-mari, mon ex-femme), *d'ac* (d'accord), *sympa* (sympathique), *à plus* [aplys] (à plus tard), *à tout* [atut] (à tout de suite), *sensass* (sensationnel), *extra* (extraordinaire), *le barbec* (barbecue), *le frigo* (réfrigérateur), *l'imper* (imperméable), *la clim* (climatisation), etc.

On aime utiliser des expressions pour exprimer le contraire de ce qu'elles signifient habituellement : *c'est terrible* (c'est formidable) ; *il a fait un malheur* (il a remporté un énorme succès) ; *c'est mortel* (c'est génial).

L'emploi de noms, verbes et adjectifs francisés est fréquent : On dit *opportunité* au lieu de *occasion*, *trafic* au lieu de *circulation*, *relax* au lieu de *décontracté* ou *détendu*, *réaliser* au lieu de *se rendre compte*, *solutionner* au lieu de *résoudre*, etc.

L'usage d'interjections et de mots phatiques du type *en fait, quoi, tu vois (c'que j'veux dire), enfin, hein, comment dire, tu sais, (bon) ben, écoutez*, est une autre particularité de la langue orale spontanée.

En fait, j'ai déjà vu ce film. – C'était le bon vieux temps, quoi !
Il ne veut pas en entendre parler, tu vois ?
Cela ne me serait pas venu à l'esprit. Mais enfin, pourquoi pas ?
Ça t'étonne, hein ? – Écoutez, je ne sais pas.

Et pour finir, il y a le verlan. Populaire chez les jeunes dans les années soixante-dix et quatre-vingt, le verlan a encore cours aujourd'hui. Il s'agit de l'inversion des syllabes d'un mot. Le terme *verlan* lui-même vient de « (à) l'envers ». Français devient *céfran*, pourri *ripoux* (titre d'un film de 1984), laisse tomber *laisse béton* (titre d'une chanson de Renaud de 1978). Bizarre devient *zarbi*, mec *keum*, femme *meuf*, mère *reum*, père *reup*, sœur *reus*, frère *reuf*, musique *zicmu*, bouteille *teillebou*, fou *ouf*, branché *chébran*, (a)rabe *beur*. On utilise désormais le terme *beurs* pour désigner les enfants (nés en France) des immigrés nord-africains.

La prononciation

En prononciation, les changements suivants ont lieu au XXe siècle :

1. Le *e muet* a tendance à disparaître : On dit [ʃpãs] au lieu de 'je pense', et [ʃsɛpa] ou même [ʃɛpa] au lieu de 'je ne sais pas'. Par ailleurs, le *e muet* est prononcé dans certaines régions, là où aucune graphie ne le justifie : bonjour[ə].

2. La nasale [œ̃] est remplacée par la nasale [ɛ̃], surtout dans le nord. Le mot *lundi* se prononce donc [lɛ̃di]. Cela apparaît aussi dans le langage SMS, c'est-à-dire dans les abréviations des textos, où 1 (un) représente le son [ɛ̃] : A2M'1 = A demain, GHTduV1 = J'ai acheté du vin.

3. Le son [ɛ] est souvent prononcé [e]. Par conséquent, *je vais* se prononce [ʒəve], *tu fais* [tyfe], comme dans ces messages SMS : Je VO6né (je vais au cinéma), kestufé (qu'est-ce que tu fais ?), jame (jamais).

4. Les liaisons facultatives et même les liaisons obligatoires sont de moins en moins observées : *après avoir vu* . . . par exemple se prononce fréquemment [apʀeavwaʀvy] et non pas [apʀɛzavwaʀvy], *je suis arrivé* est prononcé [ʒəsɥiaʀive] au lieu de [ʒəsɥizaʀive].
Par contre, on a tendance à faire la liaison (toujours interdite) avec des mots qui commencent par un *h* aspiré : *les‿hors d'œuvre, les‿handicapés, les‿haricots verts*.

La grammaire

Les structures grammaticales de la langue orale ont aussi évolué.

1. On simplifie l'interrogation.

Au lieu d'utiliser l'inversion ou *est-ce que*, on a tendance à utiliser l'intonation montante. On dit :
Pourquoi elle pleure ? (au lieu de *Pourquoi est-ce qu'elle pleure ?*), et
Tu as compris ? (au lieu de *As-tu compris ?* ou *Est-ce que tu as compris ?*).
Les adverbes interrogatifs sont souvent placés à la fin de la phrase :
Tu vas où ? Tu reviens quand ? Tu t'appelles comment ?

Qu'est-ce que et *quel(le) est* sont fréquemment remplacés par *quoi* qui se place après le verbe. On dit :
Tu étudies quoi ? (au lieu de *Qu'est-ce que tu étudies ?*),
Tu fais quoi dans la vie ? (au lieu de *Qu'est-ce que tu fais dans la vie ?*),
Ça veut dire quoi ? (au lieu de *Qu'est ce que cela veut dire ?*),
C'est quoi, le numéro du vol ? (au lieu de *Quel est le numéro du vol ?*), et
C'est quoi, ça ? (au lieu de *Qu'est-ce que c'est ?*).

2. Le *passé simple* ne s'utilise plus dans la conversation. Il est remplacé par le *passé composé*.

3. L'imparfait du subjonctif a quasiment disparu de la langue parlée.

4. L'absence de la première partie de la négation *(ne)* est fréquente. On dit : *je crois pas, t'inquiète pas, c'est pas possible, on sait jamais, je me souviens plus,* etc.

5. Le pronom *on* se substitue à *nous*. On dit : *On s'est bien amusés hier soir* au lieu de *Nous nous sommes bien amusés hier soir*.

6. On fait l'élision avec *tu* devant une voyelle :
T'as faim ? T'es fatigué(e) ?

7. L'adverbe *trop* dans le sens de *très, vraiment* s'utilise fréquemment pour renforcer un adjectif ou un adverbe : *C'est trop beau !*

8. L'emploi du subjonctif avec *après que* et *espérer* (interdit selon les règles grammaticales) est en train de se généraliser.
J'espère qu'il réussisse.
Il m'a téléphoné après que je sois rentré.

9. La préposition *sur* remplace *à* (avec les verbes de mouvement ou d'action) avant les noms des villes. Des phrases du type : *Je cherche du travail sur Paris* et *Il est retourné sur Marseille* deviennent de plus en plus fréquentes.

10. Par analogie avec *se souvenir*, on met *de* après *se rappeler* (qui exige un complément d'objet direct) : *Je me rappelle de ces vacances.*

11. On a tendance à répéter le nom (sujet ou objet) avec un pronom correspondant : *Elle est lourde, cette porte ! Tu les connais, ces gens ?*

12. Au XXe siècle, on commence aussi à féminiser les titres et les noms de métier qui auparavant n'existaient qu'à la forme masculine (par exemple, *le docteur, le professeur, le chirurgien, le compositeur, un écrivain, un auteur*, etc.). Bien que l'Académie française s'oppose à cette féminisation, elle progresse dans le langage courant où on dit de plus en plus fréquemment *la ministre, la juge, la chef, la policière, la compositrice, la metteuse en scène, la réalisatrice, la peintre, une ingénieure, une auteure, une écrivaine, la professeure, la chirurgienne* en parlant des femmes qui exercent ces métiers.

Contrôle des connaissances

A. Répondez aux questions suivantes :

1. Comment appelle-t-on un mot nouveau ?
2. Citez cinq néologismes du XXe siècle.
3. Citez dix faux anglicismes du XXe siècle.
4. Quel livre (publié en 1964) avertit les Français des dangers de l'infiltration massive de mots anglais dans leur langue ?
5. Comment s'appelle la loi qui exige l'utilisation de termes français dans le domaine public ?
6. Selon cette loi, quels termes français doivent remplacer les mots *software, hardware* et *e-mail* ?
7. Quel est l'équivalent (en français standard) des mots familiers suivants : *le flic, le fric, la bagnole, le bouquin, le boulot, le/la gosse, moche, dingue, bosser, le toubib, le truc, le mec, la flotte* ?
8. Donnez la forme complète des abréviations suivantes : *la pub, le bac, un ado, le polar, sympa, à plus, la fac, le/la coloc, l'apéro, le rencard.*
9. Qu'est-ce que le *verlan* ? Définissez le terme et donnez trois exemples.
10. En prononciation, quels changements ont eu lieu au XXe siècle ?
11. Quels changements grammaticaux ont eu lieu ?
12. Citez six noms de métier traditionnellement masculins qui ont été féminisés.
13. Quel mot désigne les enfants (nés en France) d'immigrés maghrébins ?

La siglaison

Une autre caractéristique du français parlé moderne est la *siglaison*. Il s'agit de la formation d'un mot (appelé le *sigle*) à partir des premières lettres d'un groupe de mots. Un grand nombre de sigles passe dans le langage courant dans la seconde moitié du XXe siècle. On n'appelle pas l'ambulance mais le SAMU, les sans-abri s'appellent maintenant les SDF, on prend le TGV, et on a un PV quand on ne respecte pas la limitation de vitesse. L'UMP et le PS sont les partis majoritaires, mais le FN voudrait bien prendre leur place. Et la TVA en France est actuellement de 19,6 %.

ADN (Acide désoxyribonucléique)	*DNA*
ASSEDIC (Association pour l'emploi dans l'Industrie et le Commerce)	*French agency managing unemployment payments*
BCBG (Bon chic bon genre)	*well off and socially conservative*
BCE (Banque centrale européenne)	*European central bank*
BD (Bande dessinée)	*comic strip*
BF (Banque de France)	*bank of France*
BHV (Bazar de l'Hôtel de Ville)	*department store in Paris*
BN (Bibliothèque nationale)	*National Library*
BNP (Banque nationale de Paris)	*Paris National Bank*
BRIC (Brésil, Russie, Inde, Chine)	*Brazil, Russia, India, China*
CDD (Contrat à durée déterminée)	*work contract for a set duration*
CDI (Contrat à durée indéterminée)	*work contract of indefinite duration*
CGT (Confédération générale du travail)	*French labor union*
CRS (Compagnies républicaines de sécurité)	*riot police*

CV (Curriculum vitae)	*résumé*
DOM[9]-TOM[10] (Départements et territoires d'outre-mer)	*French overseas departments and territories*
EDF (Électricité de France)	*nationalized French electric company*
ENA[11] (École nationale d'administration)	*prestigious 'grande école'*
FN (Front National)	*France's extreme right wing party*
FO (Force Ouvrière)	*French union*
GPS (Global positioning system)	*GPS*
HEC (École des hautes études commerciales)	*French business school*
HLM (Habitation à loyer modéré)	*French low cost housing*
IVG (Interruption volontaire de grossesse)	*abortion*
MLF (Mouvement de libération des femmes)	*women's liberation movement*
OGM (Organisme génétiquement modifié)	*GMO (genetically modified organism)*
ONU (Organisation des Nations Unies)	*UNO (United Nations)*

---

9. Les départements d'outre-mer (DOM) de la France sont : la Martinique, la Guadeloupe (dans l'Océan Atlantique, pas loin de Haïti), la Guyane (en Amérique du Sud), la Réunion et l'Île de Mayotte (dans l'Océan Indien, pas loin de Madagascar).
10. Depuis la réforme constitutionnelle de 2003, le statut des DOM-TOM a été modifié. D'un point de vue juridique, on ne parle plus de *territoires d'outre-mer* (TOM) mais de *collectivités d'outre-mer* (COM). Dans l'usage courant cependant, l'expression DOM-TOM reste employée.
11. Les diplômés de cette école s'appellent *énarques*.

OPEP (Organisation des pays exportateurs de pétrole)	*OPEC*
OTAN (Organisation du traité de l'Atlantique Nord)	*NATO*
OVNI (Objet volant non identifié)	*UFO (unidentified flying object)*
PACS (Pacte civil de solidarité)[12]	*legal alternative to marriage*
PCF (Parti communiste français)	*France's communist party*
PDG (Président-directeur général)	*CEO*
PME (Petites est moyennes entreprises)	*small and medium size businesses*
PMU (Pari mutuel urbain)	*French state controlled betting system (horses)*
PS (Parti socialiste)	*French socialist party*
PV (Procès verbal)	*traffic ticket*
RATP (Régie autonome des transports parisiens)	*Paris metro and bus system*
RER (Réseau express régional)	*train service between Paris and its suburbs*

---

12. Le PACS, créé en 1999, est une forme d'union civile qui permet aux couples homosexuels et hétérosexuels ayant au moins dix-huit ans de « se pacser », c'est-à-dire s'unir légalement par un contrat. Les « pacsés » ont certains avantages fiscaux et peuvent hériter et être bénéficiaire prioritaire de la sécurité sociale en cas de décès du partenaire. Le PACS est plus facile à conclure et à dissoudre que le mariage. Beaucoup de couples hétérosexuels se pacsent avant de se marier.

RSA[13] (Revenu de solidarité active)	*welfare payment*
RTT[14] (Réduction du temps de travail)	*decreased working time*
RU (Restaurant universitaire)	*university canteen*
SAMU[15] (Service d'aide médicale d'urgence)	*French ambulance*
SDF (Sans domicile fixe)	*homeless person*
SIDA (Syndrome immuno-déficitaire acquis)	*AIDS*
SMIC (Salaire minimum interprofessionnel de croissance)	*minimum wage*
SNCF (Société nationale des chemins de fer français)	*French train system*
TGV (Train à grande vitesse)	*France's high speed train*
TVA (Taxe à la valeur ajoutée)	*VAT (value added tax)*
UE (Union européenne)	*European Union*
UE (Unité d'enseignement)	*university course credit*
UMP (Union pour un mouvement populaire)	*French right wing party*

---

13. Le RSA est entré en vigueur en juillet 2011. Les bénéficiaires du RSA sont les adultes (au-dessus de 25 ans) sans emploi et les travailleurs pauvres. Une personne seule sans enfant touche 467 € par mois. Avec un enfant, elle reçoit 670 €.
14. Ce sigle désigne une mesure sociale mise en place par le gouvernement Jospin en 2000 pour lutter contre le chômage. La durée du temps de travail fut réduite de 39 à 35 heures hebdomadaires sans perte de salaire.
15. Un sigle prononcé comme un mot (et non pas en épelant chaque lettre) s'appelle un *acronyme*. L'ASSEDIC, les BRICs, les DOM-TOM, le SAMU, le PACS, l'ENA, l'ONU, l'OPEP, l'OTAN, l'OVNI, le SIDA et le SMIC sont des acronymes.

VTT (Vélo tout terrain) *mountain bike*

WC (Water closet) *restroom*

Contrôle des connaissances

B. Déchiffrez les sigles suivants et écrivez-les en français.

1. BD
2. CV
3. SDF
4. HLM
5. ONU
6. MLF
7. CDI
8. PV
9. DOM
10. TGV

C. Retrouvez les sigles correspondant aux définitions suivantes :
    (Lesquels sont des acronymes ?)

1. syndrome immuno-déficitaire acquis
2. service d'aide médicale d'urgence
3. école nationale d'administration
4. objet volant non identifié
5. pacte civil de solidarité
6. taxe à la valeur ajoutée

Les nouveautés du XXe siècle en langue écrite

La réforme de l'orthographe (1990)

Pour simplifier l'orthographe, Michel Rocard[16] a chargé un groupe de linguistes[17] de changer toutes les graphies qui ne correspondaient pas aux règles générales de l'écriture française ou qui étaient incohérentes et arbitraires.[18] Mais si ces changements (qui ont provoqué un tollé chez les puristes)[19] ont été approuvés par l'Académie française et le gouvernement français en 1991, ils n'ont jamais été imposés ni enseignés systématiquement.

Aujourd'hui, l'application des rectifications est facultative. Les graphies traditionnelles et nouvelles des quelque 2 000 mots concernés par la réforme sont toutes les deux considérées comme correctes. Quelques dictionnaires intègrent un certain nombre des mots modifiés,

---

16. Michel Rocard était Premier Ministre du gouvernement français de 1988 à 1991.
17. C'était le Conseil supérieur de la langue française.
18. En 1966, Hervé Bazin s'était attaqué aux absurdités orthographiques du français dans son livre « Plumons l'oiseau ».
19. Très attachés à la pureté de la langue, les puristes défendent la vieille orthographe.

tandis que d'autres s'en tiennent plutôt aux formes anciennes. La nouvelle édition (partielle) du Dictionnaire de l'Académie française mentionne, en annexe, c'est-à-dire à la fin de l'ouvrage, toutes les nouvelles graphies, en soulignant qu'elles ne sont pas obligatoires mais recommandées.

Voici les principales modifications orthographiques effectuées par le Conseil supérieur de la langue française :

1. Les accents circonflexes sur les voyelles *i* et *u* ont été supprimés : *piqure, plait, chaine, voute, bruler, huitre, diner, ile, gouter, aout,* sauf dans les noms propres (Nîmes), les formes du passé simple *(vous fûtes)*, de l'imparfait et du plus-que-parfait du subjonctif *(qu'il fît, qu'il eût répondu)* ainsi que dans les mots où l'accent circonflexe sert à distinguer le sens *(mûr, sûr, dû, jeûne)*.

2. Les accents aigus sur les voyelles e prononcées [ɛ] ont été changés en accents graves : *évènement, sècheresse, cèleri, crèmerie, il cèdera, j'espèrerai*, etc.

3. Un trait d'union a été placé entre tous les nombres composés : *cent-trois, deux-cents, quatre-mille-cinq-cents, six-millions*, etc.

4. Le pluriel de la plupart des mots composés comportant un trait d'union a été simplifié en rajoutant systématiquement un *s* au deuxième élément : *des après-midis, des abat-jours, des sans-abris, des perce-neiges, des cure-dents, des lave-linges*, etc.

5. Certains mots composés (d'origine étrangère et d'autres) sont écrits soudés (sans trait d'union) : *weekend, bluejean, hotdog, pingpong, tirebouchon, autostop, hautparleur, volleyball, baseball, basketball, croquemonsieur, croquemadame, potpourri, portemonnaie, cowboy, chauvesouris, piquenique*, etc.

6. Le tréma dans des mots tels que *aiguë* et *ambiguë* a été placé sur la voyelle qui doit être prononcée : *aigüe, ambigüe*.

7. Quelques anomalies graphiques ont été rectifiées en supprimant les lettres qui ne sont pas prononcées. L'orthographe du mot *oignon* a été changé en *ognon*, celle de *joaillier* en *joailler* et celle de *s'asseoir* en *s'assoir*.

Contrôle des connaissances

D. Écrivez les mots suivants avec la nouvelle orthographe.

1. dîner
2. piqûre
3. événement
4. j'espérerai
5. cent trois
6. week-end
7. oignon
8. aiguë
9. auto-stop
10. les lave-linge
11. s'asseoir
12. joaillier

E. Répondez aux questions suivantes.

1. Comment s'appelle la réforme initiée par Michel Rocard ?
2. Pourquoi a-t-on a changé l'orthographe de certains mots ?
3. Qui s'est opposé à la nouvelle orthographe ?
4. L'application des rectifications du Conseil supérieur de la langue française est-elle obligatoire ?
5. L'Académie française a-t-elle approuvé les changements ?

Le langage du SMS

Aujourd'hui, de nouvelles formes orthographiques non officielles s'utilisent de plus en plus dans les SMS.[20] On appelle SMS (ou *textos*) les messages écrits et envoyés par téléphone portable. Pour dire beaucoup en écrivant peu, les adeptes des SMS se servent d'une écriture phonétique où les lettres et les chiffres remplacent les syllabes et les mots. Voici quelques exemples :

A+	à plus (tard)	*see you later*
ab1to	à bientôt	*see you soon*
AC	assez	*enough, rather*
A2m1	à demain	*see you tomorrow*
asap	dès que possible	*as soon as possible*

---

20. SMS est un sigle anglais qui veut dire 'short message service'. C'est le service qui permet d'envoyer et de recevoir des messages écrits sur un téléphone portable, et aussi le sigle qu'on utilise pour le message : *Envoyez-nous un SMS.*

Le français contemporain

atte	à tout (à l'heure)	*see you in a little while*
a12C4	à un de ces quatre	*see you one of these days*
auj.	aujourd'hui	*today*
bap	bon après-midi	*have a good afternoon*
b1	bien	*well*
b1sûr	bien sûr	*of course*
bcp	beaucoup	*much, many*
bi1to	bientôt	*soon*
bjr	bonjour	*hello*
bsr	bonsoir	*good evening*
c	c'est	*this is*
cb1	c'est bien	*that's good*
cmt	comment	*how*
6né	ciné(ma)	*movie theatre*
CPG	c'est pas grave	*that's not so bad*
dak	d'accord	*ok*
2m1	demain	*tomorrow*
10ko	dictionnaire	*dictionary*
10QT	discuter	*to discuss*
DSL	désolé	*sorry*
en +	en plus	*moreover*
eske	est-ce que	*Is it so that . . .*
G	j'ai	*I have*

Gfl	j'ai faim	*I am hungry*
GHT	j'ai acheté	*I bought*
GlaN	j'ai la haine	*I am furious, disgusted*
ID	idée	*idea*
j	je	*I*
jenémar	j'en ai marre	*I have enough of it*
jame	jamais	*never*
jt'm	je t'aime	*I love you*
jr	jour	*day*
jspr	j'espère	*I hope*
j'suiNRV	je suis énervé	*I am upset*
jeVO6né	je vais au ciné(ma)	*I am going to the movies*
KDO	cadeau	*gift*
ke	que	*what?*
kestufé	qu'est-ce que tu fais ?	*what are you doing ?*
ki	qui	*who*
Koi	quoi	*what ?*
KOA29	quoi de neuf ?	*what's new ?*
l'stomB	laisse tomber	*give up*
magaz1	magasin	*store*
mat1	matin	*morning*
m1tNan	maintenant	*now*
MDR	mort de rire	*I am dying with laughter*
mr6	merci	*thanks*
NRV	énervé	*annoyed, irritated*
NSP	ne sais pas	*I don't know*

o	au	*at the, in the*
OK1	aucun	*none, not one*
OQP	occupé	*busy*
OUé	ouais	*yeah*
PDP	pas de problème	*no problem*
parske	parce que	*because*
PKOI	pourquoi	*why*
qqch	quelque chose	*something*
qq1 (or : qqn)	quelqu'un	*someone*
qsqc ?	qu'est-ce que ?	*what ?*
rdv	rendez-vous	*date, appointment*
resto	restaurant	*restaurant*
ri1	rien	*nothing*
rstp	réponds s'il te plaît	*answer please*
savapa ?	ça va pas ?	*is something wrong ?*
SLT	salut	*hi*
stp	s'il te plaît	*please*
tabitou	t'habites où ?	*where do you live ?*
tjr	toujours	*always*
TLM	tout le monde	*everybody*
TOK	t'es ok ?	*are you ok ?*
vazi !	vas-y !	*go ahead !*
Vi1	viens	*come*
vs	vous	*you*
y a (ya)	il y a	*there is, there are*

Contrôle des connaissances

F. Déchiffrez les textos suivants et écrivez-les en français.

1. PDP
2. magaz1
3. Gfl
4. DSL
5. J'suiNRV
6. KOA29
7. A2m1
8. Je VO 6né
9. qqch
10. qqn
11. rdv
12. dak
13. A+
14. kestufé ?
15. NSP
16. jenémar

G. Reliez le texto et sa traduction.

1. bjr
2. MDR
3. A12C4
4. mat1
5. jspr
6. stp
7. A+
8. jt'm
9. NSP
10. mr6

a. s'il te plaît
b. merci
c. à plus
d. je t'aime
e. bonjour
f. à un de ces quatre
g. ne sais pas
h. j'espère
i. matin
j. mort de rire

Les variations régionales du français contemporain en France

Aujourd'hui, nous le savons déjà, tout le monde en France sait parler français. Mais ce français n'est pas une langue uniforme, car il existe de nombreuses différences régionales, principalement dans la prononciation et le vocabulaire. Mentionnons les plus importantes.

A. La prononciation

Un Marseillais ne prononce pas les mots de la même façon qu'un Parisien. Dans le Midi, les voyelles nasales à la fin des mots sont prononcées comme s'il y avait un *-ng* après elles. Les mots *pain* et *vin* par exemple s'y prononcent [pɛ̃ŋ] et [vɛ̃ŋ].
Dans cette même région, le son [o] a tendance à s'ouvrir. Alors qu'à Paris, on distingue encore entre le *o* fermé [o] (dans le mot *saule*, par exemple) et le *o* ouvert [ɔ] (dans *sole*), en Provence, ces deux mots sont prononcés de la même façon, avec un *o* ouvert. Un Provençal dit [gɔʃ], [dəgɔl], [fɑ̃tɔm], [sɔf], et [pɔvʀ] pour exprimer les termes *gauche, de Gaulle, fantôme, sauf* et *pauvre*.
Tandis qu'on prononce encore *un* [œ̃] au sud de la Loire, ailleurs on remplace [œ̃] par la nasale [ɛ̃]. On prononce donc *brun* et *brin* de la même manière [bʀɛ̃]. La tendance à prononcer [ɛ̃] au lieu de [œ̃] se répand de plus en plus.
À Paris, on articule le *r* au fond de la gorge (ce *r* s'appelle *r grasseyé*), mais dans le Midi, on roule le *r* de la pointe de la langue.

B. Le vocabulaire

Les mots *dîner* et *souper* ne signifient pas la même chose partout en France. Tandis qu'à Paris et dans une partie de la moitié nord de la France, le dîner est le repas du soir, et le souper se prend beaucoup plus tard (en général après le spectacle), dans plusieurs régions, le dîner est le repas de midi et le souper le repas du soir. Il faut donc être prudent si l'on est invité à dîner pour éviter de possibles malentendus.

Le terme *prochain* utilisé avec un jour de la semaine peut aussi être ambigu. *Samedi prochain* n'indique pas forcément le même jour dans toutes les régions françaises. Cela peut signifier *le samedi suivant* (ce qui est le cas la plupart du temps), mais aussi avoir le sens de *samedi en huit*.

Contrôle des connaissances

H. Répondez aux questions suivantes.

1. Quelles différences de prononciation y a-t-il entre le nord et le sud de la France ?

2. Donnez les deux sens que peut avoir l'expression *samedi prochain*.

3. Quel sens les mots *dîner* et *souper* peuvent-ils avoir dans différentes régions ?

Chapitre 8

Les langues régionales de France

Il y a aujourd'hui en France des régions dans lesquelles on parle (outre le français) d'autres langues que l'usage généralisé du français a failli faire disparaître. Quelques-unes sont des langues romanes, d'autres pas.

On parle *catalan* dans les Pyrénées orientales, *basque* dans les Pyrénées occidentales, *breton* en Bretagne, *alsacien* en Alsace, *corse* en Corse, *occitan* dans le sud et *flamand* dans le Nord de la France, près de la frontière belge.

Le *catalan* est une langue romane parlée en France et en Espagne.

Le *basque* est une langue non indo-européenne, d'origine inconnue, qui se parle au Pays basque. Un tiers du Pays basque se trouve en France, les deux tiers de l'autre côté de la frontière, en Espagne.

Le *breton* est une langue celtique, comme celle parlée en Gaule avant la conquête romaine. Elle fut réintroduite en Armorique[1] par les Celtes[2] des îles britanniques qui s'y étaient réfugiés au Ve siècle. Cette langue est apparentée à celles parlées en Écosse, en Irlande et au pays de Galles.

L'*occitan* (souvent appelé « le provençal ») est une langue romane parlée dans le Midi de la France. Les dialectes de cette langue sont le provençal, le languedocien, le gascon, l'auvergnat et le limousin. Le gascon se parle en Gascogne, le languedocien en Languedoc, le provençal en Provence, l'auvergnat en Auvergne, etc.

Le *flamand* est une langue germanique, apparentée à l'allemand et à l'anglais. Le flamand est aussi l'une des langues officielles de la Belgique.

---

1. *Armorique*, ancien nom de la Bretagne, signifiait « pays proche de la mer ».
2. Ces Celtes avaient été chassés de Grande-Bretagne par les Angles et les Saxons venus du continent. Après s'être installés en Armorique, ils ont appelé leur nouveau pays *Petite Bretagne* et ensuite *Bretagne* tout court. C'est l'origine du nom actuel de cette province.

L'*alsacien* est un dialecte de l'allemand parlé en Alsace.

Le *corse* est un dialecte de l'italien.[3]

Après que l'État français a tout fait pendant plus de deux siècles pour supprimer les langues régionales, on commence à les valoriser à partir des années 1950. En 1951, la *loi Deixonne* permet l'enseignement facultatif de quatre d'entre elles (le catalan, le breton, le basque et l'occitan). En 1982, la *circulaire Savary*[4] organise l'enseignement des langues régionales de la maternelle à l'université. Tandis que leurs grands-parents étaient punis pour avoir utilisé des 'patois' à l'école, de nos jours, les élèves peuvent apprendre le breton, le catalan, le basque, l'occitan, le corse et l'alsacien (depuis 1988) au lieu d'une langue étrangère au lycée et passer une épreuve facultative dans ces langues au baccalauréat.[5] Mais malgré ce nouvel intérêt pour leur langue d'origine, la plupart des Français n'utilisent aujourd'hui que le français dans leur vie privée et publique, comme le veut la Constitution dont l'article deux précise (en son premier aliéna ajouté en 1992) que « la langue de la République est le français ».

Contrôle des connaissances

A. Répondez aux questions suivantes.

1. À part le français, quelles langues parle-t-on aujourd'hui en France ?

2. Qu'est-ce que *l'Armorique* ?

3. D'où vient le nom de la Bretagne ?

4. Qu'est-ce qui a été autorisé par la *loi Deixonne* en 1951 ?

---

3. La Corse était une île italienne jusqu'en 1768. Napoléon Bonaparte qui est né en 1769 à Ajaccio, capitale de la Corse, a donc failli être italien. Quand il arrive en France à l'âge de neuf ans, il ne parle pas un seul mot de français.

4. Alain Savary a été ministre de l'Éducation de 1981 à 1984.

5. Par contre, pour préserver le rôle unique du français dans la vie publique, la France a refusé de ratifier la Charte européenne des langues régionales promulguée par le Conseil de l'Europe en 1992. Le Conseil constitutionnel de la France estimait que la Charte était contraire à l'article deux de la Constitution française.

B. Complétez les phrases suivantes.

1. Le breton est une langue .... qui se parle en ....

2. Le catalan est une langue .... qui se parle dans les ....

3. Le basque est une langue .... qui se parle dans les ....

4. L'occitan est une langue .... qui se parle dans le ....

5. Le flamand est une langue .... qui se parle dans le ....

6. L'alsacien est un dialecte .... qui se parle en ....

64 *Les langues régionales de France*

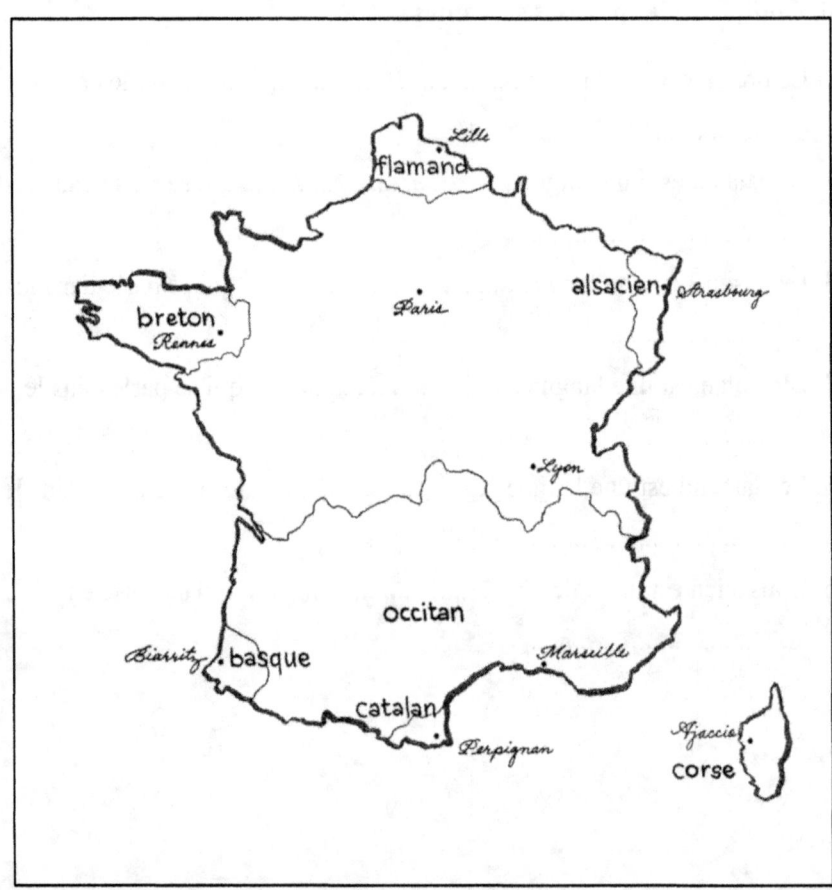

Fig. 3. Les langues régionales en France.

Chapitre 9

La langue française dans le monde

Le français est aujourd'hui la langue officielle en France,[1] à Monaco, au Bénin, au Burkina Faso, au Congo, en Côte d'Ivoire, en République démocratique du Congo, au Gabon, en Guinée, au Mali, au Niger, au Sénégal, au Togo et en République centrafricaine.

Le français est la langue co-officielle en Suisse,[2] au Luxembourg,[3] en Belgique,[4] en Haïti,[5] au Canada,[6] en Mauritanie, en Guinée équatoriale, au Burundi, au Cameroun, au Tchad, au Rwanda, à Djibouti, à Madagascar, aux Seychelles[7] et aux Comores.

La plupart des pays où le français est langue officielle ou co-officielle faisaient partie de l'ancien empire colonial de la France ou de la Belgique.

---

1. Le français est la langue officielle et maternelle en France métropolitaine et dans les DOM (départements d'outre-mer), c'est-à-dire à la Réunion, en Martinique, en Guadeloupe, en Guyane et sur l'île de Mayotte (qui est devenue le 101e département français en 2011) ainsi que dans les TOM (territoires d'outre-mer), à savoir en Polynésie française (Tahiti, etc.) et en Nouvelle-Calédonie (à l'est de l'Australie) [voir p. 69].
2. Le français est avec l'allemand et l'italien l'une des trois langues officielles de la Suisse. En Suisse romande, à l'ouest du pays, le français est l'unique langue officielle.
3. Le Luxembourg a trois langues officielles : l'allemand, le luxembourgeois et le français.
4. En Belgique, le français est (avec le flamand) l'une des langues officielles du pays. En Wallonie (au sud de la Belgique), le français est la langue maternelle et l'unique langue officielle.
5. En Haïti, le français est (avec le créole) l'une des deux langues officielles. Le créole français est né dans les colonies françaises à la suite du contact entre les esclaves arrivés d'Afrique (qui n'avaient pas de langue commune) et les colons français. C'est donc un mélange de français et de diverses langues africaines. Il existe plusieurs créoles à base française : celui de la Martinique, celui de la Réunion, celui de la Guyane, celui de la Guadeloupe, etc. Seul le créole d'Haïti et celui des Seychelles ont reçu le statut de langue officielle.
6. Au Canada, le français est (avec l'anglais) l'une des langues officielles du pays. Au Québec, l'une des provinces du Canada, le français est la langue maternelle et l'unique langue officielle.
7. Aux Seychelles, le français est, avec l'anglais et le créole, l'une des langues officielles.

Le français n'est plus la langue officielle mais reste toujours très présent au Liban (ancien protectorat de la France) et dans les pays du Maghreb (au Maroc, en Tunisie et en Algérie) où la langue officielle est l'arabe. Dans les anciennes colonies de la France en Asie (au Vietnam, au Laos et au Cambodge), le français est moins utilisé aujourd'hui.

Actuellement, le français est avec l'anglais, l'une des langues de travail de l'ONU, de l'UNESCO, de l'OTAN, de l'Union européenne, de la Croix-Rouge internationale, du Comité international olympique et de Médecins sans Frontières. Le français est aussi (avec l'anglais, le russe, le chinois, l'arabe et l'espagnol) l'une des six langues officielles de l'ONU.

Contrôle des connaissances

A. Complétez les phrases suivantes.

1. En Europe, le français est la langue officielle en .... et à ...., il est la langue co-officielle en ...., en .... et au ....

2. En Afrique, le français est la langue officielle ou co-officielle dans la plupart des anciennes .... de la France et de la Belgique.

3. Le français est aussi très présent au Maghreb, c'est-à-dire en ...., en .... et au ....

4. En Amérique du Nord, le français est langue officielle au ....

5. Le français est la langue officielle dans les DOM, c'est-à-dire en ...., en ...., en .... et à ....

6. En Haïti, le français est avec le .... l'une des langues officielles du pays.

7. Le créole français est un mélange de français et de diverses langues ....

8. Le français est l'une des six langues officielles de l'Organisation des ....

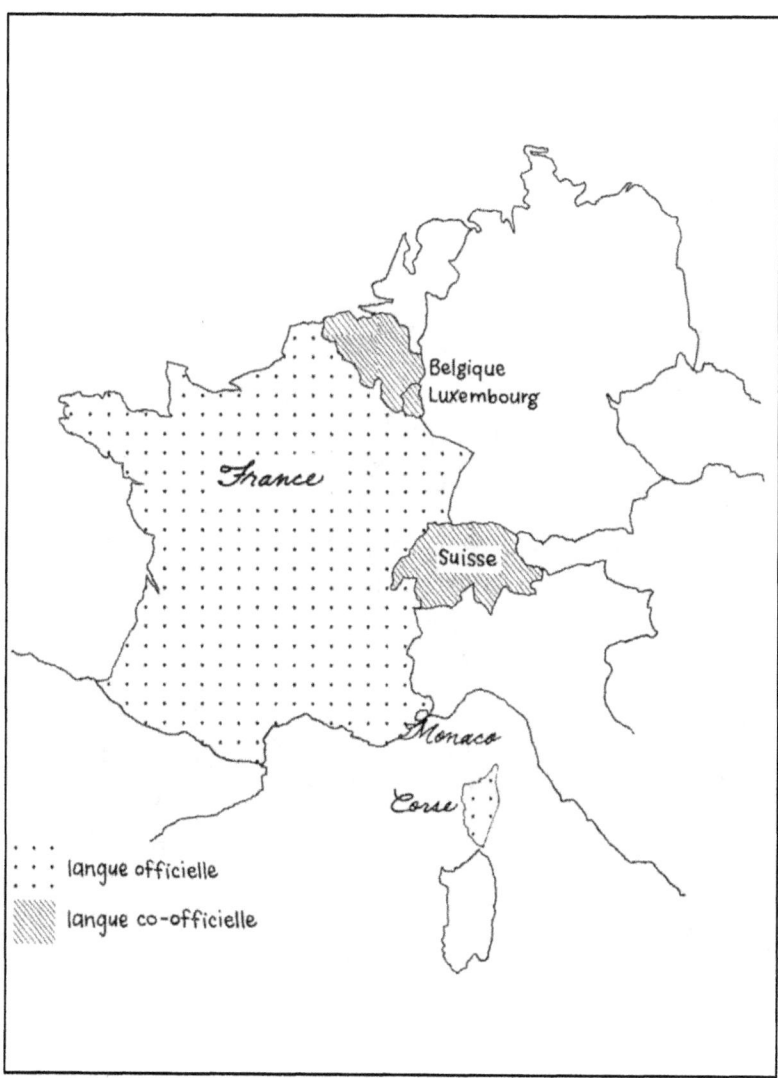

Fig. 4. La langue française en Europe.

Fig. 5. La langue française en Afrique.

La langue française dans le monde

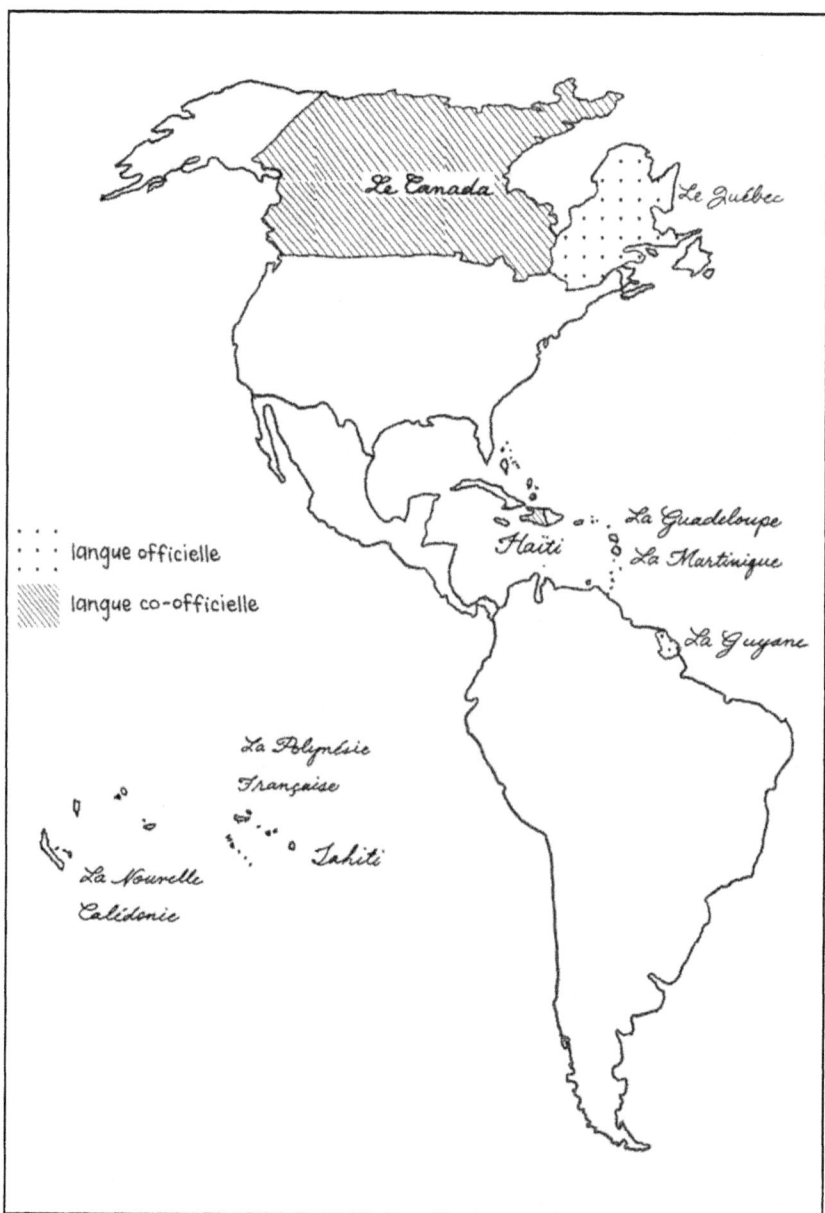

Fig. 6. La langue française en Amérique.

Glossary

A
à partir de from on
à peu près about
à savoir that is to say
abat-jour (m.) lampshade
abolir abolish
aboutir à lead to
abricot (m.) apricot
accro addicted
accueillir welcome, receive
achever finish, complete
actuel, actuelle present, current
actuellement at present, currently
affaiblir weaken
affaiblissement (m.) weakening
affaires (f.) things, belongings
s'affranchir de free oneself from
afin de in order to
s'agir de be the question of
aide (f.) help
ailleurs elsewhere
aîné, e older
ainsi thus, so
ainsi que as well as, just as
ajouter add
alcool (m.) alcohol
alcoolisé, e alcoholic (drink)
aliment (m.) food
Allemagne (f.) Germany
allemand, e German
allumer light
alors que whereas
alouette (f.) lark
ambigu, ambiguë ambiguous
ample wide, roomy
ancêtre (m.) ancestor
anéantir destroy, wipe out
ange (m.) angel
Angleterre (f.) England
animatrice (f.) TV host
anniversaire (m.) birthday
annuaire (m.) phone book
apparenté, e related, similar
appartenir belong
apprendre learn
appuyer sur press
après after
arbre (m.) tree
argent (m.) money
argot (m.) slang
arme (f.) weapon
arrière-garde (f.) rearguard
arrivée (f.) arrival
arriver arrive, happen
artichaut (m.) artichoke
Asie (f.) Asia
au bout de at the end of, after
augmenter increase
auparavant before
automne (m.) fall
autrefois in the past, formerly
Autriche (f.) Austria
avant before
aveugle blind

B
bande dessinée (f.) comic strip
banque (f.) bank
baptiser baptize
barman (m.) bartender
bataille (f.) battle
battre beat, defeat
bavarder chat
berge (f.) bank (of a river)
bien que although
bière (f.) beer
billet (m.) ticket
blé (m.) wheat
bled (m.) (isolated) village
bois (m.) wood
boisson (f.) beverage
bottin (m.) phone book
bougie (f.) candle
bouleau (m.) birch
bourreau (m.) executioner
branché, e trendy, hip
brasserie (f.) brewery
briser break

brûler burn
brun brown
brushing (m.) blow-dry

C
c'est-à-dire that is to say
caddie (m.) (shopping, luggage) cart
calendrier (m.) calendar
campagne (f.) country(side)
camping-car (m.) motor home, RV
car because
carte (f.) map
cas (m.) case
cassis : crème de ~ black currant liqueur
céder yield
célèbre famous
censé : être censé faire be supposed to do
cependant however
cerise (f.) cherry
cerveau (m.) brain
cesser stop, cease
chaîne (f.) chain, channel (television)
chandelle (f.) candle
  brûler la ~ par les deux bouts burn the candle at both ends
  dîner aux chandelles candle light dinner
  le jeu n'en vaut pas la ~ the game isn't worth the candle
changement (m.) change
chanson (f.) song
charger de faire ask to do
chariot cart
charrue (f.) plough
chaussure (f.) shoe
chef-d'œuvre (m.) masterpiece
chêne (f.) oak
chercheur d'or (m.) gold digger
chevaleresque knightly, chivalrous
chevalier (m.) knight
chiffre (m.) number
chirurgien (m.) surgeon
chômage (m.) unemployment
choucroute (f.) sauerkraut
chouette (f.) owl
chrétien, ienne Christian

chute (f.) fall
cidre (m.) cider
cire (f.) wax
citer name, quote
citoyen (m.), **citoyenne** (f.) citizen
classer classify
clergé (m.) clergy
cliquer sur click on
coca (m.) **light** diet coke
colocataire (m.f.) housemate
colon (m.) settler
combattre fight (against)
comporter have
compositeur (m.) composer
compris : y compris including
compter count
conclure conclude
concorder coincide
confit, e candied (fruit)
confondre confuse, mix up
connaissance (f.) knowledge
conquérant (m.) conqueror
conquérir (p.p. conquis) conquer
conquête (f.) conquest
conseil (m.) advice, council
conservateur, trice conservative
consonne (f.) consonant
construire build
contre against
convaincre convince
coq (m.) rooster
cor (m.) horn
côte (f.) coast
côté (m.) side
Côte d'Ivoire (f.) Ivory Coast
cour (f.) **(royale)** (royal) court
couronne (f.) crown
courrier (m.) mail
cours : avoir cours be in use
court, e short
courtois, e courteous, courtly
couvent (m.) convent
couvercle (m.) lid
cri (m.) cry, noise, call
croisade (f.) crusade

Croix-Rouge Red Cross
croque-monsieur (m.) toasted ham and cheese sandwich
cultivé, e well educated, cultured
cultiver grow (plants)

D
davantage more
se débarrasser de get rid of
début (m.) beginning
décès (m.) death
déchets (m.pl) trash, garbage
décontracté, e relaxed
découverte (f.) discovery
découvrir discover
déjouer thwart
demeurer stay, remain
dès from (on)
désigner name, refer to
désolé, e sorry
désormais from now on, henceforth
dessin (m.) drawing
détruire destroy
devenir become
devise (f.) motto
devoir owe, have to
diplômé (m.), **diplômée** (f.) graduate
disparaître disappear
disparition (f.) disappearance
disponible available
dissoudre dissolve
distinguer distinguish
dit, e so-called, known as
doigt (m.) finger
  ~ de pied toe
drapeau (m.) flag
dressing (m.) walk-in closet
droit : *avoir* **~** *à* be entitled to
durée (f.) duration, time

E
eau-de-vie (f.) brandy
écartèlement (m.) quartering
ecclésiastique (m.) clergyman

échapper escape
échec (m.) failure
échouer fail
éclairage (m.) lighting
Écosse (f.) Scotland
écran (m.) screen
écriture (f.) writing
écrivain (m.) writer
église (f.) church
élire elect
(s')éloigner move away
embuscade (f.) ambush
emmener take
empereur (m.) emperor
emploi (m.) use, usage, job
employer use, employ
emprunt (m.) borrowing, loan
emprunter borrow
endroit (m.) place
enseignement (m.) instruction
enseigner teach
ensemble : l'**~** **de la population** the entire population
ensuite then
entourer surround
entreprise (f.) company, business
envahir invade
envahisseur (m.) invader
envoyer send
épée (f.) sword
épeler spell
épopée (f.) epic
époque (f.) time
esclave (m.f.) slave
esquisse (f.) sketch
établissement (m.) settling
été (m.) summer
éteint, e extinct
étranger, étrangère foreign
étrangler strangle
étroit, e narrow
s'évanouir faint
évincer supplant
éviter avoid

évoluer develop, change
exalter glorify
exercer have (profession)
exiger demand
exploit (m.) accomplishment, feat
exprimer express
extrait (m.) excerpt

F
facile easy
facultatif, facultative optional
faillir (faire) almost (do)
fait (m.) fact
fauteuil (m.) armchair
fer (m.) iron
fiable reliable
fidèle faithful
fier, fière proud
fils (m.) son
fin (f.) end
finnois Finnish
fiscal, e tax, fiscal
fleuve (m.) river
fonder found
forcément necessarily
forêt (f.) forest
former educate
fort, e strong
fossé (m.) ditch
fou, folle crazy
franciser frenchify, make French
frontière (f.) border, frontier
fruits (m.) de mer seafood

G
gant (m.) glove
genou (m.) knee
gens (m.pl.) people
gisement (m.) deposit
grâce à thanks to
graphie (m.) written form
gratuit, e free (of charge)
grec, grecque Greek
grève (f.) strike, shore, bank (river)

gréviste (m.f.) striker
grotte (f.) cave
guerre (f.) war
 ~ *mondiale* world war
guerrier (m.) warrior

H
hache (f.) axe
haie (f.) hedge
haine (f.) hatred
haïr hate
hanche (f.) hip
hanneton (m.) June bug
hardi, e bold, daring
haut, e high
haut-parleur (m.) loudspeaker
hebdomadaire weekly
herbe (f.) grass
héros (m.) hero
hiver (m.) winter
homard (m.) lobster
hongrois, e Hungarian
honte (f.) shame
houblon (m.) hops
houx (m.) holly
huître (f.) oyster

I
ignorer not to know
impératrice (f.) empress
imprimer print
imprimerie (f.) printing (press)
inconnu, e unknown
indiquer indicate
informatique (f.) computer science
ingénieur (m.) engineer
s'installer settle
intégrer integrate
interdit, e forbidden
introduire introduce
inverser reverse, invert
inversion (f.) inversion, reversal
irréductible invincible
issu : *être* ~ *de* stem from

itinérant, e traveling

J
jardin (m.) garden
jeter throw
joaillier (m.) jeweler
joug (m.) yoke
jour (m.) day
  de nos jours nowadays
juge (m.) judge
jurer swear
jusqu'à until
jusque as far as

L
laid, e ugly
laïque lay, non-religious, secular
laisser leave
langue (f.) language
  ~ maternelle mother tongue
lave-linge (m.) washing machine
lecture (f.) reading
légume (m.) vegetable
lien (m.) link, connection
lier tie to
lieu (m.) place
lifting (m.) face-lift
limitation (f.) **de vitesse** speed limit
living (m.) living room
livre (f.) pound
locuteur (m.) speaker
loi (f.) law
loin far
lors de at the time of, during
lutte (f.) fight
lutter fight
lycée (m.) high school

M
mâcher chew
magasin (m.) store
maire (m.) mayor
mairie (f.) town hall
maître (m.) teacher

malentendu (m.) misunderstanding
malgré in spite of
Manche (f.) English Channel
manifestation (f.) demonstration
mannequin (m.) fashion model
manuscrit (m.) manuscript
marchand (m.) merchant
se marier get married
marin (m.) sailor
maternelle (f.) preschool
mélange (m.) mixture
membre (m.) limb
même same, even
ménage : *faire le ~* do the cleaning
messe (f.) mass
mesure (f.) measurement, measure
métier (m.) profession, job
metteur en scène (film) director
meurtrier (m.) murderer
Midi (m.) South of France
milieu (m.) middle
modifier change, alter
moine (m.) monk
moitié (f.) half
monastère (m.) monastery
monde (m.) world
montagne (f.) mountain
montant, e rising
se moquer de make fun of
mort (f.) death
mot (m.) word
mousseux, mousseuse sparkling
mouton (m.) sheep
Moyen Âge (m.) Middle Ages
muet, muette mute, silent
muni, e de equipped with

N
neveu (m.) nephew
noblesse (f.) nobility
nom (m.) noun, name
nombreux, nombreuse numerous
notamment particularly
nourrir feed

nurse (f.) nanny

O
objectif (m.) goal
obligatoire mandatory
occidental, e western
œuvre (f.) work, book
oignon (m.) onion
olifant (m.) (ivory) horn
ombre (f.) shade, shadow
oncle (m.) uncle
or (m.) gold
ordinateur (m.) computer
ordures (f.pl.) garbage
orge (f.) barley
orgueil (m.) pride
oriental, e eastern
orteil (m.) toe
orthographe (f.) spelling
outre in addition to, besides
outre-Manche in Great Britain
ouvrage (m.) book, work

P
pantalon (m.) (pair of) pants
paraître come out, be published
parchemin (m.) parchment
paresseux, paresseuse lazy
parmi among
paroi (f.) wall
partout everywhere
parvenir reach, come to
paume (f.) palm
pays (m.) country
Pays-Bas (m.pl) Netherlands
pays de Galles Wales
peau (f.) skin
peine (f.) : ~ *capitale* death penalty
pendre hang
perce-neige (m. ou f.) snowdrop
période (f.) time
perte (f.) loss
peuple (m.) people, common people
phatique : *mot* ~ filler word
pièce (f.) coin, room, play (theatre)

pierre (f.) stone
pillage (m.) looting
piqûre (f.) sting, shot (med.)
plat (m.) dish
plupart : *la plupart* most
plusieurs several
poche (f.) pocket
poêle (f.) frying pan
poids (m.) weight
polar (m.) detective film, novel
pomme (f.) apple
pomme de terre (f.) potato
pom-pom girl (f.) cheerleader
portée (f.) : *mettre à la* ~ put within reach
porte-monnaie (m.) wallet
porter carry, wear
poubelle (f.) garbage can
pouvoir (m.) power
prêcher preach
préciser specify
prénom (m.) first name
près de near, close to
pressing (m.) dry-cleaner's
prêtre (m.) priest
prier pray
prière (f.) prayer
printemps (m.) spring
privé, e private
prochain, e next
proche close
promulguer promulgate
propager spread
propre own, clean
provenir (de) come, stem (from)
prudent, e careful
prune (f.) plum
publicité (m.) advertisement, commercial
punir punish

Q
quant à as for
quartier (m.) neighborhood, area
quasiment practically

Glossary

quitter leave
quotidien, ne daily

R
racine (f.) root
raconter tell
raffiné, e refined
rajouter (à) add (to)
rançon (f.) ransom
rappeler remind ; **se ~** remember
raquette (f.) racket
ravager devastate
réalisateur (m.) (film) director
recevoir receive
récréation (f.) recess
rédiger write
redoutable frightful
réduire reduce
Réforme (f.) reformation
(se) réfugier take refuge
règle (f.) rule
relier link, connect together
remplacer replace
renard (m.) fox
rendre (+ adj.) make
se rendre compte realize
renoncer (à) give up
rentrer return (home)
se répandre spread; **répandu** widespread
repas (m.) meal
repousser push back
réputé, e renowned
résoudre solve
ressembler à look like
rétablir restore
revenu (m.) income
ride (f.) wrinkle
rigoureusement strictly
rive (f.) bank, shore
roi (m.) king
romain, e Roman
roman, e (adj.) Romance, Romanesque
roman (m.) novel
romancier (m.), **romancière** (f.) novelist

roue (f.) wheel
royaume (m.) kingdom
royauté (f.) monarchy
rue (f.) street

S
salaire (m.) salary
sanglant, e bloody
sans-abri (m.) homeless person
sapeur-pompier (m.) firefighter
sapin (m.) fir tree
sauter jump
sauvegarder save
savant (m.) scholar, scientist
savoir (m.) knowledge
sec, sèche dry
secours (m.) help
selon according to
sens (m.) meaning
serment (m.) oath
sermon (m.) sermon
serré, e tight
se servir de use
seul, e alone, only
siècle (m.) century
siège (m.) seat
sigle (m.) acronym
signification (f.) meaning
signifier mean
sillon (m.) furrow
smoking (m.) tuxedo
soigner treat
soldat (m.) soldier
soudé, e joined together
souhaiter wish
souris (f.) mouse
soutenir support
soutenu, e (langue) formal
souvent often
speakerine (f.) newscaster
subsister remain
substantif (m.) noun
(se) substituer à replace
succéder (à) follow, succeed

sucre (m.) sugar
Suisse (f.) Switzerland
suivant, e following
suivre follow
supprimer delete, eliminate
surtout especially
surveiller watch over, supervise
survêtement (m.) tracksuit, sweat suit
survivre survive
susceptible : *être* ~ *de* be likely
suspendre hang up

T
tâche (f.) task
tandis que whereas
tard late
teinture (f.) dye
tel(le)(s) que such as
télécharger download
télécommande (f.) remote control
téléphone portable (m.) cell phone
tendance (f.) tendency
se tenir à hold on to
tenir pour consider as
tentative (f.) attempt
terminaison (f.) ending
se terminer end
texto (m.) text message
ticket (m.) **de caisse** sales receipt
tiers third; ~ **État** third estate
timbre-poste (m.) postage stamp
tire-bouchon (m.) corkscrew
tirer draw, pull
tissu (m.) fabric
toile (f.) cloth, (World Wide) Web
tollé (m.) outcry, protest
toponyme (m.) place name
toucher (argent) receive, get
tournure (f.) phrase, expression
toutefois however, yet
toxicomane (m.f.) drug addict
traduction (f.) translation
traduire translate
trahison (f.) treason
trait d'union (m.) hyphen

traité (m.) treaty
traiter treat
traître (m.) traitor
traverser cross
trèfle (m.) clover
tribunal (m.) court (of law)
trou (m.) hole
tutelle (f.) supervision, control
tutoiement (m.) use of 'tu'
tutoyer use 'tu' to address sb

U
utiliser use

V
vague (f.) wave
vaincre defeat; **vaincu** defeated
vainqueur (m.) victor
valeur (f.) value
valoriser give value to, value
vedette (f.) star (person)
veiller (sur) watch (over)
vélo (m.) bike, bicycle
vendre sell
véritable real, true
vers toward, around
vêtements (m.pl.) clothes
victoire (f.) victory
vigne (f.) vine
vignoble (m.) vineyard
vigueur (f.) vigor, strength
  entrer en ~ come into effect
ville (f.) city
viser à aim at
vite quickly
vitesse (f.) speed
vitre (f.) windowpane
vœu (m.) wish
vol (m.) flight
voler steal, fly
voleur (m.), **voleuse** (f.) thief
volonté (f.) will
volontiers gladly
vouvoyer use 'vous' to address sb
voyelle (f.) vowel

Answer key

Chapitre 1

Exercice A p. 7

1. d   2. c   3. b   4. a

Exercice B p. 7

1. la Gaule
2. le basque, l'estonien, le hongrois, le finnois et le turc
3. Marseille
4. un menhir est une pierre haute et étroite, un dolmen est un mégalithe qui ressemble à une table
5. ambulare, vadere, ire
6. les Ligures, les Ibères, les Grecs, les Celtes
7. Marseille, Nice, Antibes
8. le coq, Marianne, le drapeau français (la tricolore)
9. du mot latin *Gallus* qui voulait aussi dire « coq »
10. liberté, égalité, fraternité
11. cocorico
12. une langue qui est remplacée par une autre dans laquelle elle laisse des traces
13. les Parisii
14. quatre-vingts et quatre-vingt-dix
15. Vercingétorix; il a réuni des tribus celtes pour lutter contre l'envahisseur romain. Sa propre tribu s'appelait les *Arvernes* qui ont donné le nom à la province de l'Auvergne, région d'où Vercingétorix était originaire.

Exercice C p. 8

1. vulgaire
2. synthétique
3. vulgaire
4. vicésimale
5. germanique
6. disparues
7. fiers

Chapitre 2

Exercice A p. 14

1. Francs
2. Francs

3. aspiré
4. franque
5. Francs
6. la langue d'oïl
7. la langue d'oc
8. oui
9. XVIIIe

Exercice B p. 14

1. la langue des Francs
2. le h *muet* est traité comme une voyelle : on fait l'élision et la liaison ;
   le h *aspiré* est traité comme une consonne : l'élision et la liaison sont interdites
3. *hache, haïr, honte*
4. à cause de l'influence des Francs qui prononçaient les mots latins avec un accent germanique
5. orange, sucre, abricot, alcool, coton
6. 50, 100, 500, 1.000
7. la langue du conquérant qui influence la langue du pays conquis sans la supplanter

Exercice C p. 15

1. b 2. c 3. d 4. e 5. a

Exercice D p. 15

1. c 2. e 3. d 4. b 5. a

Chapitre 3

Exercice A p. 20

1. les Carolingiens
2. le roman
3. de ne plus prononcer les homélies en latin, mais en langue romane, car les fidèles ne comprenaient plus les sermons faits en latin
4. les Serments de Strasbourg
5. la Cantilène de sainte Eulalie
6. les Vikings (= les Normands)
7. les Normands (qui s'y sont installés)
8. Guillaume devient roi d'Angleterre et le français la langue de la Cour royale et de la noblesse anglaise pendant plusieurs siècles. Durant cette période, le français a exercé une grande influence sur l'anglais ce qui explique le fait que plus d'un tiers du vocabulaire anglais est emprunté au français.
9. crabe, homard, vague, turbot

Answer Key

Exercice B p. 20

1. g 2. j 3. f 4. a 5. d 6. i 7. b 8. c 9. e 10. h

Chapitre 4

Exercice A p. 23

1. le francien
2. le dialecte de l'Île-de-France ; c'était la langue du roi de France qui résidait à Paris, considéré comme le centre du pays
3. le latin
4. La Sorbonne, ancien collège de théologie, fut fondée par Robert de Sorbon au XIIIe siècle.
5. Aujourd'hui, on appelle Sorbonne la partie de l'université de Paris où on peut étudier les langues, les lettres, les arts, et les sciences sociales et humaines.
6. C'est le quartier des écoles et de l'Université de Paris. Autrefois, l'enseignement s'y faisait en latin, et les étudiants parlaient latin et rédigeaient leurs travaux en latin.
7. Chrétien de Troyes
8. une épopée en vers (destinée à être chantée) qui parle des exploits des héros du passé. Le mot *geste* vient du latin *gesta* qui veut dire « choses faites ».
9. La *Chanson de Roland* raconte un épisode de la guerre de Charlemagne contre les Sarrasins. A la suite d'une trahison, l'arrière-garde de l'armée de Charlemagne est attaquée par les Sarrasins à Roncevaux dans les Pyrénées. Refusant longtemps d'appeler du secours, le fier Roland, chef de l'arrière-garde et neveu de Charlemagne, meurt dans l'embuscade et tous les soldats sont tués dans la bataille.
10. Durendal
11. un cor, c'est-à-dire un instrument à vent servant à faire des appels
12. en anglo-normand
13. en Angleterre
14. la croisade des Albigeois qui a détruit la civilisation provençale

Chapitre 5

Exercice A p. 27

1. Joachim du Bellay
2. *Défense et Illustration de la langue française*
3. un groupe de poètes du XVIe siècle (Ronsard, du Bellay, de Baïf, etc.)
4. la Renaissance

5. L'ordonnance exige que le français (et non pas le latin) soit utilisé dans tous les documents officiels. C'est une prise de conscience qu'il existe une langue nationale.
6. Rabelais, Montaigne
7. un vocabulaire très riche : des néologismes, des régionalismes, des termes spéciaux et des mots d'autres langues
8. banque, balcon, carnaval, masque, ballet
9. une langue qui utilise des prépositions, des pronoms et des articles au lieu de terminaisons
10. Ce sont des paires de mots qui ont la même origine étymologique, mais une forme et une signification différentes.
    Exemples : hôtel – hôpital, poison – potion, naïf – natif
11. Néologisme veut dire 'mot nouveau'.
12. C'est une langue analytique.
13. Ils parlent leurs dialectes régionaux.

Chapitre 6

Exercice A p. 38

1. en 1635 par le cardinal Richelieu
2. de veiller sur la pureté de la langue française et de lui donner des règles
3. huit
4. sept
5. le siècle des Lumières
6. Rousseau, Voltaire, Montesquieu
7. Rivarol
8. un terme péjoratif par lequel on désignait les langues régionales
9. les révolutionnaires issus du peuple; ils portaient des pantalons et non pas les culottes des nobles
10. une école supérieure prestigieuse à laquelle on accède par concours, un examen très sélectif
11. de nouveaux noms pour les mois de l'année, les mots *guillotine, Jacobins, Girondins, sans-culottes, vandalisme, terrorisme, mètre, kilomètre, litre, gramme, kilogramme,* etc.
12. Le terme *Ancien Régime* désigne le système politique et social qui a précédé la Révolution française, c'est-à-dire la monarchie absolue et la division de la société en trois ordres : Clergé, Noblesse et Tiers-État.
13. On utilise le *tutoiement* quand on s'adresse à quelqu'un familièrement avec « tu ».
14. la Marseillaise ; elle avait été chantée par des soldats de Marseille marchant vers Paris
15. Rouget de Lisle

Answer Key

16. Le mot tennis proviendrait de l'impératif de l'ancien français « tenetz » qui
17. barman, smoking
18. Un *troubadour* est un poète, compositeur et chanteur provençal du Moyen Âge qui allait de château en château dans le Midi de la France pour chanter ses œuvres écrites en langue d'oc. Un *trouvère* est un poète, compositeur et chanteur itinérant du nord de la France qui écrivait en langue d'oïl.
19. En 1882, Jules Ferry crée l'école obligatoire, laïque et gratuite où il est interdit de parler « patois ». Conséquence : Bientôt, tous les Français vont se mettre à utiliser la langue nationale et cesser de parler leur langue régionale. Et la France va perdre une grande partie de sa diversité linguistique et de ses cultures régionales.
20. Monsieur Poubelle a inventé les poubelles, Louis Braille a inventé le braille, Louis Pasteur est le créateur du processus de la pasteurisation et le docteur Guillotin a mis au point la guillotine ; le mot *grève* vient de la place de Grève où les premiers « grévistes » se réunissaient.
21. le cognac, le calvados, la chartreuse ; le pont l'évêque, le livarot, le brie, le camembert, le roquefort
22. boire un verre de calvados pendant un repas copieux pour faciliter la digestion
23. Louis XIV

Exercice B p. 39

1. e 2. h 3. j 4. i 5. f 6. b 7. c 8. a 9. g 10. d

Exercice C p. 39

1. vrai 2. vrai 3. vrai 4. faux ; il a été révoqué par Louis XIV au XVIIe siècle 5. vrai 6. vrai 7. faux ; c'est un roman de Zola 8. faux ; elle a été composée à Strasbourg 9. vrai 10. faux ; c'est le nom d'une eau-de-vie à base de pommes

Chapitre 7

Exercice A p. 47

1. un néologisme
2. logiciel, courriel, télécharger, bogue, texto
3. le pressing, le coca light, le footing, le lifting, la pom-pom girl, le living, le brushing, le camping-car, top, la speakerine
4. Le livre s'appelle « Parlez-vous franglais ? ».
5. la loi Toubon
6. le logiciel, le matériel, le courrier électronique
7. le policier, l'argent, la voiture, le livre, le travail, l'enfant, laid, fou, travailler, le médecin, la chose, l'homme, l'eau

8. la publicité, le baccalauréat, un adolescent, le roman policier, sympathique, à plus tard, la faculté, le/la colocataire, l'apéritif, le rendez-vous
9. En *verlan*, on inverse les syllabes d'un mot. Ainsi, *l'envers* devient *verlan*, *pourri* devient *ripoux*, *musique* devient *zicmu*, *bouteille* devient *teillebou*.
10. La nasale [œ̃] est remplacé par la nasale [ɛ̃] : *lundi* se prononce [lɛ̃di].
    Le *e* muet a tendance à disparaître : *je pense* se prononce [ʃpɑ̃s].
    Le son [ɛ] se prononce souvent [e] : *je vais* est prononcé [ʒəve].
    La liaison (toujours interdite) entre l'article et un mot commençant par *h* aspiré est faite : des‿haricots verts [dezarikovɛʀ]
    Les liaisons (facultatives et même obligatoires) se font de moins en moins : je suis // américain [ʒəsɥiameʀikɛ̃], il est // entré [ileɑ̃tʀe], ils sont // allés [ilsɔ̃ale].
11. Dans les questions, on utilise l'intonation, on remplace *que* ou *qu'est-ce que* par *quoi* que l'on place, ainsi que les adverbes interrogatifs, à la fin de la phrase :
    Tu comprends ?
    Tu cherches quoi ?
    Tu pars quand ?

    Dans les phrases négatives. on omet 'ne' :
    Ça fait rien.
    T'en fais pas !
    C'est pas grave !

    Le pronom *on* remplace *nous* : *On* va se dépêcher.

    On emploie le subjonctif après 'espérer' et 'après que' :
    J'espère qu'il *vienne*.
    On va faire ça après que le facteur *soit passé*.

    On utilise *trop* au lieu de *très* pour renforcer un adjectif ou un adverbe :
    C'est *trop* drôle !
12. une auteure, une écrivaine, une juge, une ministre, une policière, une peintre
13. les beurs

Exercice B p. 52

1. bande dessinée
2. curriculum vitae
3. sans domicile fixe
4. habitation à loyer modéré
5. Organisation des Nations Unies
6. mouvement de libération des femmes
7. contrat à durée indéterminée
8. procès verbal
9. département d'outre-mer
10. train à grande vitesse

Exercice C p. 52

1. SIDA 2. SAMU 3. ENA 4. OVNI 5. PACS 6. TVA (acronymes : 1-5)

Exercice D p. 54

1. dîner 2. piqûre 3. évènement 4. j'espèrerai 5. cent-trois 6. weekend
7. ognon 8. aigüe 9. autostop 10. les lave-linges 11. s'assoir 12. joailler

Exercice E p. 54

1. la réforme de l'orthographe
2. pour simplifier l'orthographe et supprimer les anomalies
3. les puristes
4. Elle est facultative.
5. L'Académie française et le gouvernement ont approuvé les changements proposés par le Conseil supérieur de la langue française.

Exercice F p. 58

1. pas de problème
2. magasin
3. j'ai faim
4. désolé
5. je suis énervé
6. quoi de neuf
7. à demain
8. je vais au ciné
9. quelque chose
10. quelqu'un
11. rendez-vous
12. d'accord
13. à plus tard
14. qu'est-ce que tu fais ?
15. ne sais pas
16. j'en ai marre

Exercice G p. 58

1. e 2. j 3. f 4. i 5. h 6. a 7. c 8. d 9. g 10. b

Exercice H p. 60

1. Dans le sud, on roule le *r,* dans le nord, on utilise le *r grasseyé.*
   Dans le sud, *un* et *um* sont toujours prononcés [œ̃], dans le nord, on prononce *un* et *um* [ɛ̃].
   Dans le sud, les voyelles nasales à la fin des mots sont prononcées comme si elles avaient un -*ng* après elles. Le mot *fin* se prononce [fɛ̃ŋ].
   Dans le sud, on ne distingue plus le *o* fermé [o] et le *o* ouvert [ɔ] : *saule* et *sol* sont tous les deux prononcés [sɔl].
2. Selon la région, *samedi prochain* peut signifier *le samedi qui suit* ou bien *samedi en huit.*
3. En général, le *dîner* est le repas du soir et le *souper* (s'il y en a un) se prend très tard le soir. Mais dans certaines régions, le *dîner* veut dire *déjeuner* et le repas du soir s'appelle *souper.*

Chapitre 8

Exercice A p. 62

1. le basque, le breton, le catalan, le corse, le flamand, l'occitan
2. l'ancien nom de la Bretagne qui vient d'un mot celtique signifiant *près de la mer*
3. les Bretons qui arrivaient de Grande Bretagne et se sont installés dans cette région ; ils ont nommé leur nouveau pays *Petite Bretagne* et ensuite *Bretagne* tout court
4. l'enseignement dans les écoles de quatre langues régionales

Exercice B p. 63

1. celtique, Bretagne
2. romane, les Pyrénées orientales
3. non indo-européenne, Pyrénées occidentales
4. romane, Midi de la France
5. germanique, Nord de la France (et en Belgique)
6. allemand, Alsace

Chapitre 9

Exercice A p. 66

1. France, Monaco; Suisse, Belgique, Luxembourg
2. colonies
3. Tunisie, Algérie, Maroc
4. Québec
5. Guadeloupe, Martinique, Guyane française, la Réunion
6. créole
7. africaines
8. Nations Unies

Bibliography

Cerquiglini, Bernard, *La naissance du français*, Paris, PUF, 1991.

Chaurand, Jacques, *Nouvelle histoire de la langue française*, Paris, Seuil, 1999.

Huchon, Mireille, *Histoire de la langue française*, Paris, Librairie générale française, 2002.

Perret, Michèle, *Introduction à l'histoire de la langue française*, Paris, Sedes, 1998.

Picoche, Jaqueline, et Marchello-Nizia Christiane, *Histoire de la langue française*, Paris, Nathan, 1989.

Tritter, Jean-Louis, *Histoire de la langue française*, Paris, Ellipses, 1999.

Walter, Henriette, *L'aventure des langues en Occident. Leur origine, leur histoire, leur géographie*, Paris, Robert Laffont, 1994.

Walter, Henriette, *L'aventure des mots venus d'ailleurs*, Paris, Robert Laffont, 1997.

Walter, Henriette, *Aventures et mésaventures des langues de France*, Éditions du temps, 2008.

Walter, Henriette, « Exit le latin », Historia, n° 703, Juillet 2005.

Walter, Henriette, *Honni soit qui mal y pense,* Paris, Robert Laffont, 2001.

Walter, Henriette, *Le français dans tous les sens*, Paris, Robert Laffont, 1988.

Walter, Henriette, *Le français d'ici, de là, de là-bas*, Paris, Jean-Claude Lattès, 1998.

Wartburg, Walther von, *Évolution et Structure de la Langue française*, Éditions A. Francke S.A., Berne, 1969.

Yaguello, Marina, *Le grand livre de la langue française*, Paris, Seuil, 2003.

Index

Académie française, 29
Alcuin, 17
aller, 6
Alliance française, 36
alsacien, 61, 62
ambulare, 6
ancien français, 21
Ancien Régime, 33
anglicisme, 34, 35, 41, 42
anglo-normand, 19, 21
Antibes, 3
Arabes, 13, 14
argot, 43
Armorique, 61
Astérix, 6

basque, 3, 61
Bescherelle, 36
bière, 5
Braille, Louis, 37
Bretagne, 61
breton, 61, 62

calvados, 37
camembert, 37
Cantilène de sainte Eulalie, 19
Carolingiens, 17
catalan, 61, 62
Celtes, 2, 3-5, 61
champagne, 37
Chandeleur, 36
chansons de geste, 21
Chanson de Roland, 21, 22
Chant de guerre pour l'armée du Rhin, 34
Charlemagne, 17
chartreuse, 37
Chrétien de Troyes, 21
cognac, 37
Collège de France, 25
Concile de Tours, 18
coq, 4
Corneille, 29
corse, 61, 62
créole, 65
Croisade des Albigeois, 21, 23

Défense et Illustration de la langue française, 25
Deixonne, 62
Descartes, 19, 30
Discours de la Méthode, 19, 30

Discours sur l'universalité de la langue française, 30
dolmen, 2
DOM-TOM, 49
doublets, 26
druides, 4
du Bellay, 25

École Normale Supérieure, 32
edere, 6
Édit de Nantes, 31
élision, 12
Encyclopédie, 30
esse, 7
Étiemble, René, 42
étymologie, 26

Félibrige, 35
Ferry, Jules, 36
flamand, 61
franc, 33
français moderne, 29
France, 11
Francia, 11
francien, 21, 23
Francs, 11

Gallia, 2, 11
Gallo-Romains, 11
Gaule, 2
gaulois, 3, 4, 5
Girondins, 32
gloses de Reichenau, 17
Grecs, 3
Guillaume le Conquérant, 19
guillotine, 33

h aspiré, 12
Hastings, 19
Henri IV, 31
h muet, 11, 12
hexagone, 4

Ibères, 3
Île-de-France, 21, 23
ire, 6

Jacobins, 32
jean, 41
Jules César, 5, 6

Kir, 37

langage du SMS, 54-57
langue analytique, 7, 25
langue d'oc, 12
langue d'oïl, 12,
langue synthétique, 7
langues baltes, 1
langues celtiques, 1
langues germaniques, 1
langues indiennes, 1
langues indo-européennes, 1
langues iraniennes, 1
Larousse, 36
latin vulgaire, 6
latin, 6, 7
liaison, 12
Ligures, 2
Littré, 36
livarot, 37
Louis XIV, 31

Maghreb, 66
manducare, 6
manger, 6
Marianne, 4
Marseillaise, 34
Marseille, 3
menhir, 2
Mérovingiens, 11
Mistral, Frédéric, 35
Molière, 29
moyen français, 25

néologisme, 26
Nice, 3
Normandie, 19, 20
Normands, 19
numération vicésimale, 5

oc, 12
occitan, 61
oïl, 12
Ordonnance de Villers-Cotterêts, 25

PACS, 50
Parisii, 5
Parmentier, 34
Pasteur, Louis, 37
patois, 32, 41
Phocéens, 3

Perceval, 21
Pléiade, 25
pont l'évêque, 37
Poubelle, 37
provençal, 61

Quartier latin, 23

Racine, 29
Réforme, 31
Réforme de l'orthographe, 52
Renaissance, 25, 26
Renaissance carolingienne, 17
Richelieu, 29
Rivarol, 30
Rocard, Michel, 52
Roland, 21, 22
Romains, 3
roman, 17
Roman de la Rose, 17
Roman de Renart, 17
roquefort, 37

sans-culottes, 33
Sarrasins, 21
Savary, 62
Serments de Strasbourg, 18
siècle classique, 29
siècle des Lumières, 30
siglaison, 47-52
sigle, 47, 51
Sorbon, Robert de, 23
Sorbonne, 23
stare, 7
substrat, 4
superstrat, 11

toponyme, 4
Toubon, 42
troubadours, 21
trouvères, 21

vadere, 6
Vercingétorix, 6
verlan, 44, 45
Vie de Saint Alexis, 19
Voltaire, 31

Wisigoths, 11

Yourcenar, Marguerite, 30

www.ingramcontent.com/pod-product-compliance
Lightning Source LLC
Chambersburg PA
CBHW070646300426
44111CB00013B/2284